L'avant-scène théâtre
numéro 1447 - 1er septembre 2018

La Légende d'une vie

de Stefan Zweig

L'avant-scène théâtre

75, rue des Saints-Pères - 75006 Paris
Tél. : 01 53 63 80 60 / Fax : 01 53 63 88 75
contact@avantscenetheatre.com

* Les Éditions L'avant-scène théâtre
Président-directeur général
et directeur de publication : Philippe Tesson
Directrice déléguée : Anne-Claire Boumendil

* Rédaction
Directrice : Anne-Claire Boumendil
Secrétariat de rédaction : Violaine Bouchard
Comité de rédaction : Armelle Héliot,
Gilles Costaz, Stéphanie Tesson,
Rodolphe Fouano, Jacques Nerson

* Services commerciaux
Diffusion, abonnements : Gilles Rossignol
Tél. : 01 53 63 80 43
gilles@avantscenetheatre.com
Comptabilité : Nathalie Boyer
Tél. : 01 53 63 80 64 / Fax : 01 53 63 88 75
nathalie@avantscenetheatre.com
Distribution :
Les Belles Lettres Diffusion-Distribution
(BLDD)

* Les publications de L'avant-scène théâtre
• L'avant-scène théâtre, revue bimensuelle
• L'avant-scène théâtre Poche
• La Collection des quatre-vents
• L'Anthologie de L'avant-scène théâtre
• Les programmes de L'avant-scène théâtre
• Les Nouveaux Cahiers de la Comédie-Française
• Les Petites Formes de la Comédie-Française
• Lire et Jouer avec Mip et Lo (L'avant-scène théâtre/Nathan)

Photographie de couverture : © Pascal Victor
Impression : Imprimerie des Deux-Ponts
ISSN 0045 1169 - ISBN 978-2-7498-1425-4
Commission paritaire 0319K86211
Dépôt légal : septembre 2018 / Imprimé en France

Dans le cadre de son Action Culturelle Théâtre, la SACD soutient l'édition de cet ouvrage.

SACD

la culture avec la copie privée

La chute d'un mythe

Vienne, 1919. Un jeune auteur cherche à s'extirper du souvenir de son père, poète devenu icône nationale. Car il étouffe dans la maison familiale où tout est organisé par sa mère, femme autoritaire et intransigeante, autour du culte du grand homme. C'est alors que revient au sérail une femme dont le secret pourrait bien libérer le jeune homme de son carcan.

Vienne, ou plutôt ses environs, 1919. La demeure de la famille Franck respire l'opulence – et une sévérité nostalgique : c'est là qu'a vécu le grand poète Karl Franck, une célébrité nationale. Tout est tourné vers son souvenir et son renom posthume, selon la volonté de la veuve, Leonor, qui, d'une poigne de fer impose à tous le culte de la gloire de son défunt mari. Leur fils Friedrich a l'occasion d'exister par lui-même avec la lecture de ses propres poèmes par un grand acteur autrichien qui vient les déclamer ici même, devant un public choisi et les familiers du lieu : Bürstein, l'éditeur et le biographe du disparu, et Clarissa, l'autre enfant du poète. Friedrich a-t-il une chance d'être apprécié sans être victime de l'inévitable comparaison avec son père que chacun ne devrait pas manquer d'établir ? Mais une visiteuse imprévue surgit : Maria, qui vient d'un lointain passé. Sa présence libère peu à peu des secrets qui vont briser la « légende d'une vie » et transforment tous les personnages obligés de choisir entre le mensonge et la vérité, entre le mal et le bien. Comme ces chaînes qu'on abat, le mythe et le mausolée de Karl Franck s'effondrent…

À peine connue en France, cette pièce que Stefan Zweig écrivit juste après la Première Guerre mondiale contient les grandes hantises de l'écrivain : les distorsions de la passion, les tromperies de l'histoire et de la morale officielles, la difficile quête d'harmonie avec soi-même et avec les autres, la propension à la vanité chez l'écrivain… Autour de cette version française de Michael Stampe, Christophe Lidon a réuni Natalie Dessay, Macha Méril, Gaël Giraudeau, Bernard Alane et Valentine Galey, une distribution adaptée à l'ampleur de ces affrontements qui ont la profondeur des scènes ibséniennes et la pugnacité des grands dialogues hollywoodiens.

Gilles Costaz

Bernard Alane.

Le Théâtre Montparnasse
Direction : Myriam Feune de Colombi & Bertrand Thamin
présente

La Légende d'une vie

de Stefan Zweig
Version scénique de Michael Stampe
Mise en scène de Christophe Lidon

avec

Natalie Dessay : *Leonor Franck*
Macha Méril : *Maria Folkenhof*
Bernard Alane : *Hermann Bürstein*
Gaël Giraudeau : *Friedrich Franck*
Valentine Galey : *Clarissa von Wengen*

Décor : Catherine Bluwal
Costumes : Chouchane Abello-Tcherpachian
Lumières : Marie-Hélène Pinon
Musique : Cyril Giroux
Assistante à la mise en scène : Natacha Garange
Traduction littérale : Jean-Yves Guillaume

Spectacle créé le 13 janvier 2018 au CADO
(Centre national de création Orléans-Loiret)
et repris le 12 septembre 2018 au Théâtre Montparnasse

Photographies de répétition : Pascal Victor

Une création du CADO (Centre national de création Orléans-Loiret),
saison 2017-2018

L'affiche

Stefan Zweig, l'auteur

Stefan Zweig naît en Autriche en 1881, de parents juifs qui lui prodiguent, ainsi qu'à son frère, une éducation laïque. Son père a fondé une tisseranderie ; sa mère est fille d'un banquier italien. L'aisance financière de son milieu lui permet de suivre les études de son choix ; il étudie à l'université la philosophie et l'histoire de la littérature. Il quitte sa famille à l'âge de 19 ans, fréquente les cafés, les théâtres, s'essaye à l'écriture et y prend goût. *Les Cordes d'argent*, publié en 1901, est le recueil qui réunit ses premiers poèmes. Il écrit également de courts récits publiés dans des journaux. Ses premiers essais sont publiés dans la revue *Die Neue Freie Presse*.

À Vienne, il soutient sa thèse sur Hippolyte Taine et devient docteur en philosophie. Après ses premiers succès, il parcourt l'Europe tout en continuant à écrire. Il se consacre à la découverte des littératures étrangères et rencontre Émile Verhaeren dont il devient le traducteur. Il traduit également Verlaine, auquel il voue une profonde admiration. Il entretient une forte relation amicale avec Romain Rolland, qu'il fait connaître en Allemagne et avec qui il partage l'esprit de tolérance.

Durant la guerre, il est enrôlé dans les services des archives militaires et constate avec effroi la destruction qu'elle engendre. Il reste pacifiste sa vie durant.

En 1920, il épouse Friderike Maria Burger. Sa production littéraire est alors foisonnante : après ses pièces de théâtre *Jérémie* et *La Légende d'une vie*, il écrit de nombreuses biographies (*Trois maîtres* sur Balzac, Dickens et Dostoïevski, *Le Combat avec le démon* sur Kleist, Hölderlin et Nietzsche), des romans et des nouvelles dont *Amok*, *La Confusion des sentiments*, *Vingt-quatre heures de la vie d'une femme*. À l'arrivée d'Hitler au pouvoir, Stefan Zweig provoque la colère des nazis avec l'adaptation cinématographique de sa nouvelle *Brûlant secret*.

Réfugié politique à Londres puis au Brésil, il entame la biographie de Marie Stuart, dont le destin illustre selon lui les ravages de la politique. Anéanti par la dépression, il se suicide, accompagné par sa seconde épouse, Lotte Altmann, en 1942. *Le Joueur d'échecs*, est publiée à titre posthume et relate la vie d'un exilé autrichien après la montée du nazisme.

Christophe Lidon, le metteur en scène

Depuis la création de sa Compagnie en 1991, Christophe Lidon a mis en scène une soixantaine de spectacles sur des scènes du théâtre public (Comédie-Française, Opéra Bastille, Centre national des arts du cirque) comme du théâtre privé, en France comme à l'étranger.

Depuis janvier 2015, après quelques expériences enrichissantes dans son parcours d'homme de théâtre comme responsable du jeu d'acteur au Centre national des arts du cirque de Châlon-en-Champagne (CNAC) ou directeur de l'Action théâtrale de la Ville de Champigny, il est directeur du Centre national de création Orléans-Loiret (CADO).

Il a abordé toutes sortes de textes, des auteurs classiques (parmi lesquels Racine, Diderot, Shakespeare, Molière, Tchekhov, Goldoni, Marivaux ou encore Strindberg...) aux créations contemporaines (Xavier Durringer, Alessandro Barrico, Éric-Emmanuel Schmitt, Antoine Rault, Christian Siméon).

Il a ainsi travaillé avec de célèbres interprètes (Claude Rich, Claude Brasseur, Robert Hirsch, Danielle Darrieux, Danièle Lebrun, Jacques Weber...) comme avec des acteurs de sa génération (Isabelle Carré, Samuel Labarthe, Alexandra Lamy, Catherine Jacob...).

Ses spectacles ont été représentés dans des lieux prestigieux du théâtre

© D. R.

public et du théâtre privé (Comédie-Française, Opéra Bastille, grands théâtres parisiens et de province comme La Criée Théâtre national à Marseille) et ont rencontré de vifs succès. Ses créations les plus récentes (*La Légende d'une vie* de Stefan Zweig et *L'Art de Suzanne Brut* de Michael Stampe, ainsi qu'*Un fil à la patte* de Georges Feydeau, présenté récemment au Théâtre Montparnasse, montrent qu'il s'attache à des univers très différents qui répondent à ses engagements d'homme et à ses recherches d'artiste.

De Stefan Zweig, il avait déjà mis en scène *Lettre d'une inconnue* en 2011 au Théâtre des Mathurins. Il dirige à nouveau Natalie Dessay à l'occasion de la mise en scène de la pièce de Michel Legrand *Between Yesterday and Tomorrow*, au Théâtre des Champs-Élysées en 2018.

Les comédiens

Macha Méril et Natalie Dessay.

NATALIE DESSAY | Leonor Franck

Chanteuse lyrique et comédienne française formée au conservatoire de Bordeaux qu'elle quitte avec un premier prix et à l'École de l'Opéra de Paris, Natalie Dessay enchaîne les rôles marquants depuis plus de vingt ans et explore toutes ses possibilités.

C'est en 2009 qu'elle interprète Violetta dans *La Traviata* à l'Opéra de Santa Fe et Musette dans *La Bohème* à l'Opéra de Paris. Bien d'autres rôles sont associés à sa figure, comme celui d'Olympia dans *Les Contes d'Hoffmann* de Jacques Offenbach, celui d'Ophélie dans *Hamlet* à Genève, ou encore celui de Lakmé par Leo Delibes à l'Opéra-Comique. Elle est la Reine de la Nuit dans *La Flûte enchantée* de Mozart, mis en scène par Robert Carsen. Aux côtés de son mari Laurent Naouri, baryton, elle interprète Eurydice dans *Orphée aux enfers* d'Offenbach à l'Opéra de Lyon. À New York, elle interprète la Fille du régiment, la Somnanbule, Lucia, Juliette et Cléopâtre au Metropolitan Opera. Elle interprète aussi la musique baroque avec Bach et Haendel, dont elle a chanté *Jules César* avec le Concert d'Astrée d'Emmanuelle Haïm à l'Opéra de Paris.

Dans les années 2000, elle participe à un projet en images de synthèse sur la base du conte lyrique de Stravinski, *Le Rossignol*. Cet amour pour la scène et le chant lui valent cinq victoires de la musique au cours de sa carrière. Elle est présente sur le dernier album de Claude Nougaro, *La Note bleue*. En parallèle, elle sort un album de reprises de Michel Legrand en 2013, après avoir annoncé qu'elle laissait de côté ses rôles de cantatrice pour se consacrer à des projets différents.

Ses débuts de comédienne se font au Théâtre Olympia à Tours, dans *Und* de Howard Barker dirigé par Jacques Vincey, et se poursuivent aujourd'hui avec *La Légende d'une vie*, dans laquelle elle incarne la veuve du poète : « ***Leonor est une femme très énergique. C'est une épouse, une mère mais surtout "la gardienne du temple" – comme l'appelle son fils – à la mémoire de son mari. À première vue, elle est autoritaire et antipathique, mais les secrets révélés la font passer de son statut de vestale à celui d'une femme au bord de la crise de nerfs. Sa vie – fondée sur une mystification de son mari – est détruite au fur et à mesure de la pièce ; c'est une autre facette d'elle-même que l'on découvre à la fin.*** »

MACHA MÉRIL | Maria Folkenhof

D'origine russe, Macha Méril se forme à l'école du Théâtre national populaire où elle assiste aux cours d'art dramatique de Charles Dullin.

Au cinéma, elle apparaît dans *La Main chaude* de Gérard Oury en 1959 : il s'agit de son tout premier rôle. Puis elle part à New York suivre des cours à l'Actor's Studio. De retour en France, c'est Jean-Luc Godard qui fait décoller sa carrière en lui offrant le rôle phare d'*Une femme mariée* en 1964. Elle apparaît ensuite notamment dans *Adorable menteuse* de Michel Deville, *Le Repos du guerrier* de Roger Vadim, *Belle de jour* de Luis Buñuel, *Roulette chinoise* de Rainer Werner Fassbinder, *Le Crime d'amour* de Guy Gilles, *Mortelle randonnée* de Claude Miller, *Sans toit ni loi* d'Agnès Varda, *Colette* de Gérard Poitou à la télévision…

Elle a écrit également des romans et nouvelles, parmi lesquels *Les Mots des hommes* (2004) et *L'Amour dans tous ses états* (2014), ainsi que des livres de cuisine et des autobiographies (*Biographie d'un sexe ordinaire, Si je vous disais*).

Sa carrière au théâtre commmence avec *L'Éloignement* de Loleh Bellon en 1987, pour lequel elle est nommée pour le Molière de la comédienne. Puis elle est à l'affiche de *La Mouette* de Tchekhov, mise en scène par Andreï Kontchalovski, *Bel-Ami* d'après Maupassant sous la direction de Pierre Laville, *Feu Sacré* d'après les écrits de George Sand, mis en scène par Simone Benmussa, *L'Importance d'être Constant* d'Oscar Wilde, mis en scène par Pierre Laville, *Le Voyage de Victor* de Nicolas Bedos en 2009, mis en scène par l'auteur et *Rapport intime* de Didier van Cauwelaert, mise en scène par Alain Sachs. Elle est ici la première femme de Karl Franck, celle que l'on cherche à cacher : « ***Maria est l'autre femme de Karl Franck, celle de l'ombre et qui revient longtemps après la mort de ce dernier. Elle vient semer la pagaille dans l'ordre de la famille, mais elle la sauve aussi, d'une certaine manière ; son retour fait exploser les secrets et oblige à une nouvelle transpa-***

Macha Méril et Bernard Alane.

rence. Elle est une revenante, un peu comme moi dans le théâtre, une héroïne romantique qui a sacrifié sa vie pour un amour, une femme passionnée comme je les aime. Pour moi, la morale de la pièce est qu'on ne connaît jamais l'autre véritablement ; on ne peut que l'aimer. »

BERNARD ALANE | Hermann Bürstein

Après avoir suivi une formation au Conservatoire national d'art dramatique (CNSAD), dont il sort avec un premier prix, il s'engage à la fois au théâtre et au cinéma dès 1969, avec des débuts prometteurs dans *Hibernatus* et *Mon oncle Benjamin* d'Édouard Molinaro. Il devient pensionnaire de la Comédie-Française en 1972 et y incarne plusieurs rôles jusqu'en 1973. Il joue ensuite sous la direction de nombreux metteurs en scène : Jean-Louis Barrault, Michel Fagadau, Roger Planchon, etc. Ses rôles dans *La Jalousie* de Sacha Guitry et dans *Sylvia* de Burney lui valent deux nominations pour le Molière du meilleur comédien dans un second rôle en 1992 et 1997. En parallèle, il poursuit sa carrière cinématographique jalonnée de grands succès : *Qu'est-ce qu'on attend pour être heureux !* de Coline Serreau

Gaël Giraudeau et Valentine Galey.

(1982), ou *Sur mes lèvres* de Jacques Audiard (2001). À la télévision, il tourne pour plusieurs séries (*Commissaire Magellan*, 2010-2016), et de nombreuses fictions télévisuelles (*Le Grand Charles, Bernard Stora*, 2005). Il se démarque aussi dans des spectacles musicaux : *Bless the Bride* mis en scène par Christopher Renshaw (Londres) – pour lequel il reçoit un Award nomination, et *La Belle Hélène* d'Offenbach mise en scène par Shirley & Dino (2011). Plus récemment, il est à l'affiche de plusieurs mises en scène de Pierre Notte (*C'est Noël tant pis*, 2014) et de Christophe Lidon : *Les Dames du jeudi* de Loleh Bellon (2009), *L'Impresario de Smyrne* de Goldoni (2016). Il le retrouve dans *La Légende d'une vie* de Zweig, où il incarne ici Bürstein, qu'il décrit comme étant « ***écrasé entre l'admiration qu'il a eu, et qu'il a encore après sa mort pour le grand Karl Franck, et sa tardive envie de vérité, dont il s'est écarté, influencé par Leonor, l'épouse du poète…*** » Tous les moyens sont bons pour protéger cette légende, comme il le dit : « ***Biographie "idéalisée", rachat de correspondance gênante pour eux, etc. Il est installé dans cette famille comme un de ses membres et a un peu servi de second père au fils de Karl, qui pour son malheur veut aussi être écrivain… filiation difficile !*** »

GAËL GIRAUDEAU | Friedrich Franck

Quoique ses parents soient tous deux comédiens, il est d'abord créateur d'univers dans le jeu vidéo avant de finalement se lancer aussi dans une formation théâtrale, au QG, sous la direction entre autres d'Yves Pignot. En 2013, il joue au Festival des Mises en capsules dans *Retour à la vie*, une pièce adaptée et mise en scène par Simon Hubert, dans la comédie *Super moi* à Avignon, création originale écrite et mise en scène par Olivier Balu, et tourne dans le court métrage *Orage d'été* écrit et réalisé par Nadège de Benoit-Luthy. On le retrouve l'année suivante à Avignon où il interprète un tueur en série dans *Sugar Lake*, sous la direction de Béatrice Agenin.

À la télévision, il tourne dans un épisode du *Sang de la vigne* (2014), réalisé par Régis Musset, et est depuis 2014 un personnage récurrent de *La famille formidable* de Joël Santoni. Il joue en 2016 dans la pièce *La Louve*, écrite et mise en scène par Daniel Colas. Il tourne aux côtés de Clémentine Célarié dans la saison 2 de *Lebowitz contre Lebowitz* en 2017. Il joue aussi aux côtés de Guillaume Canet dans *Au nom de la terre*, le premier film d'Édouard Bergeon, qui paraîtra cette année pour le cinéma. Dans *La Légende d'une vie*, Gaël Giraudeau incarne Friedrich Franck, « ***le fils du légendaire poète Karl Franck. Lui-même jeune auteur, en quête d'identité, il tente de se départir de l'image de son père et de sa légende… L'arrivée d'une mystérieuse femme va réveiller les secrets familiaux et bouleverser sa destinée d'homme et de jeune poète.*** »

VALENTINE GALEY | Clarissa von Wengen

Issue d'une famille de comédiens, Valentine Galey s'engage elle aussi dans le théâtre après une formation au Studio d'Asnières et son CFA, et un passage au CNSAD en tant qu'auditrice libre dans la classe de Jean-Damien Barbin. Elle débute sa carrière en 2013 avec le rôle d'Agnès dans *L'École des femmes*, mise en scène par Philippe Adrien au Théâtre de la Tempête, suivie d'une tournée en France de quatre ans. Ce rôle lui vaut une nomination aux Molières 2015 (révélation féminine).

Elle joue aussi sous la direction de René Loyon en 2014 dans son *Dom Juan* de Molière, puis *La Demande d'emploi* de Michel Vinaver, créé au Théâtre de l'Épée de Bois en 2016 et repris au Théâtre national populaire de Villeurbanne. Elle joue ensuite avec Adrien Popineau au Théâtre de Belleville *Voix secrètes* de Joe Penhall en 2015. Elle vient de créer son premier monologue, de et mis en scène par Mario Batista au Lavoir Moderne Parisien : *Ce qu'on attend ce qu'on avait déjà*. L'an prochain, elle sera aussi dans *La vie est un songe*, mis en scène par Christophe Lidon.

Mais auparavant, elle incarne Clarissa, la jeune sœur de Friedrich. « ***Clarissa revient dans leur demeure chargée d'histoire pour tenter d'aider et de rassurer son frère, de le protéger de leur mère envahissante.*** » Valentine Galey la décrit comme « ***une jeune femme forte, positive, équilibrée, qui déteste les conflits, et qui a réussi à s'affranchir du carcan familial*** ».

Natalie Dessay.

Personnages

Leonor Franck, *veuve du grand poète Karl Franck*

Hermann Bürstein, *éditeur des œuvres de Karl Franck, son biographe*

Friedrich Franck, *fils de Leonor et Karl Franck*

Clarissa von Wengen, *la fille cadette de Leonor et Karl Franck*

Maria Folkenhof, *une invitée inattendue*

Dans une demeure des environs de Vienne, vers 1919.

La Légende d'une vie

Acte I

Dans la demeure historique de Karl Franck.

Scène 1
Leonor, Bürstein

Leonor : Il faut en finir, Bürstein ! Il est bientôt huit heures, les invités vont arriver et rien n'est encore prêt. C'est vous qui êtes chargé de cette soirée ! Moi, je ne veux pas m'en occuper. Vous savez bien ce que je veux : que tout se passe comme du temps de Karl…

Bürstein : Mais je vous ai déjà dit, Leonor, que ce n'était pas possible ! Quand votre mari donnait ses soirées de lecture, il n'invitait que ses amis, tout le monde se connaissait, c'était une communauté, un cercle… Aujourd'hui, c'est un méli-mélo, un tourbillon de gens. On ne peut pas comparer !

Leonor : Je sais, mais maintenant il faut bien donner une forme à tout cela… J'ai été trop faible, je n'aurais jamais dû accepter, mais la princesse de Wittenberg a demandé à Grovik de faire cette lecture des textes de Friedrich… Et là, tout s'est emballé, les journaux ont commencé à en parler, on a écrit que cela se passerait ici, que les invités paieraient une entrée… Un droit d'entrée dans la maison de Karl Franck ! Croyez-vous que je ne perçoive pas le ridicule de la situation ? Je ne sais même plus ce que nous sommes aujourd'hui, des hôtes ou des loueurs de salle ! Maintenant que nous y sommes, nous devons au moins garder une certaine tenue. Vous n'avez plus qu'à tout prendre sur vous, Bürstein, c'est vous qui avez suggéré l'idée, après tout…

Bürstein : Oui, mais pas sous cette forme ! D'ailleurs, j'ai bien signalé qu'il n'y aurait pas de réception après. Rien qui laisse penser que c'est une soirée privée et que nous recevons. Ce ne sera pas comme autrefois.

Leonor : Ah, autrefois… Quand on donnait des lectures de ses textes, Karl était le centre, tout s'ordonnait autour de lui, il avait l'art d'être aimable avec les gens sans pour autant les laisser s'immiscer. Avec son fils, c'est différent… On ne peut rien attendre de Friedrich. Depuis trois jours, il tourne dans la maison comme un lion en cage, il est capable de malmener les invités. Il les traite déjà de charognards !

Bürstein : Son père avait la même façon de traiter les gens.

Leonor : Ah, ne les comparez pas ! Un jeune auteur n'a pas souvent la chance de voir ses premiers écrits lus par un acteur comme Grovik et devant un parterre aussi influent. Qu'il n'aille surtout pas s'imaginer que tout cela, c'est pour lui ! Qu'il ne commence pas à se comparer !

Bürstein : Oui, mais ce soir, Leonor, tout le monde va les comparer ! Bien… Restons discrets, autant que possible. Après tout, nous n'avons fait que prêter la salle.

Leonor : Mais c'est tout de même la première fois que le fils de Karl Franck fait lire sa poésie en public ! Dans son intérêt, il nous faut montrer qu'il appartient à la même lignée !

Bürstein : Pas pour ces gens ! Ce ne sont pas les amis d'autrefois.

Leonor : Mais si ! Tous nos amis vont venir, j'en suis certaine. Tant que l'œuvre de Karl restera vivante, sa maison sera un phare, un symbole. Mais cette maison n'est pas de celles qui se prêtent, ou s'utilisent, on ne peut saisir que sa forme extérieure, pas son âme.

Bürstein : Et vous ne pensez pas qu'ils sentiront l'âme que Karl a mise en son fils, comme dans son œuvre ou dans sa maison ?

Leonor : Si, bien sûr… Et la force de cette âme s'imposera à eux. Qu'importe si cet esprit se dissipe dès qu'ils repasseront la porte. Bürstein, efforcez-vous d'obtenir de Friedrich, même s'il veut éviter les autres, qu'il salue au moins Grovik. C'est un de nos plus grands acteurs…

Bürstein : Il a une peur maladive du public… presque aussi maladive que la peur d'une ressemblance entre ses poèmes et ceux de son père. Il vénère passionnément son père, bien sûr, mais il craint qu'on ne le considère que comme un simple imitateur. J'ai bien insisté auprès de Klopfer pour qu'il ne parle pas dans son article de parenté artistique avec Karl Franck. Rien ne pourrait le blesser davantage.

Leonor : Klopfer ? Je le connais ?

Bürstein : Oui, le journaliste… Je lui ai fait comprendre qu'il devait insister sur la singularité de Friedrich, sur son étonnante indépendance. Et qu'il ne devait pas parler de tradition !

Leonor : Ce Klopfer peut être utile à Friedrich. Vous avez bien fait de le recevoir. Je dois aller voir Clarissa. Bürstein, encore une fois, pour le placement, l'accueil, la réception… faites comme autrefois. Je compte sur vous.

Leonor sort, Friedrich entre, il essaie de nouer son nœud papillon.

Scène 2
Friedrich, Bürstein

Friedrich : C'est vraiment indispensable ?

Bürstein : Mais oui, Friedrich, c'est indispensable. Crois-tu que cela me fasse plaisir de jouer les montreurs d'ours ? La gloire attire les gens et les gens attirent les ennuis. On ne peut pas y échapper.

Friedrich : Justement, je voulais m'échapper. Et vous m'avez retenu.

Bürstein : Friedrich, ce n'est pas moi qui te retiens ! Ce soir, tu deviens un personnage public, il va bien falloir que tu t'y habitues.

Friedrich : Mais je ne peux pas ! Je ne peux pas ! Vous devez bien le voir ? Je ne peux pas parler de moi, ni de mon travail, ni de mon père ! C'est insupportable ! Et même si je le voulais… je ne peux pas. Je n'y arrive pas. Je me mets à bégayer, cela tourne à vide dans mon cerveau… Je cherche mes mots, des mots polis, je me bloque, je sens que les gens m'observent. Ils me regardent avec pitié, ils me comparent. Bürstein, je vous en prie, ce soir ne me présentez personne, je n'ai rien contre ces gens mais je me sens tellement ridicule.

Bürstein : Je vais essayer, Friedrich, je te le promets. Mais tu ne pourras pas tous les éviter. Tu dois au moins saluer Grovik après la lecture, pour le remercier.

Friedrich : Oui, bien sûr… c'est un si bon lecteur ! J'ai été saisi d'une sorte de panique quand j'ai appris qu'il allait lire mes textes. Bien sûr, j'irai le remercier. Mais tout seul, et pas s'ils sont tous à se jeter sur moi, toute cette clique d'inutiles que vous avez appâtée ce soir et qui va se répandre en admiration vide de sens.

Bürstein : Tu es bien convaincu de ton succès !

Friedrich : Vous plaisantez ? Ces gens m'ont admiré avant même que j'aie commencé à écrire ! Parce que la gloire de mon nom est écrite sur mon visage. Juste parce que je suis le fils de quelqu'un qu'ils ont vénéré. Alors qu'ils ne savaient rien de lui… Je connais tout ce manège, je devine le moment où le mot va se former sur leurs lèvres : « Votre père ». Je sais qu'ils vont le dire, inévitablement, implacablement : « Votre père » … Ils vont tous m'expliquer à quel point je lui ressemble ! Oh, Bürstein, si vous saviez ce que vous me faites subir, c'est pour ces gens-là que vous donnez cette soirée ! Pas pour moi !

Bürstein : Ne dramatise pas, Friedrich. Dans deux heures, tout sera fini. Tout début est difficile.

Friedrich : Difficiles, mes débuts ? Je n'ai qu'à lever le petit doigt et tout arrive comme par magie, le plus grand comédien du monde, un public, les critiques, l'enthousiasme et l'admiration ! Si j'étais fou, je croirais vraiment que tout cela est pour moi ! Mais je sais bien ce qu'ils espèrent tous, ces admirateurs que je reçois en héritage… Que je m'effondre lamentablement en m'engageant dans cette course contre mon père, dans laquelle vous m'avez lancé à coups de cravache !

Bürstein : Mais ton père…

Friedrich : Ne me parlez plus de mon père ! Ça suffit ! Assez ! Je veux vivre une seule journée sans penser à lui !

Bürstein : Mais Friedrich… Ce n'est quand même pas une raison pour te mettre dans des états pareils !

Leonor entre précipitamment, un papier à la main.

Scène 3
Leonor, Friedrich, Bürstein

Leonor : Vous voyez bien, Bürstein, je vous avais dit que le Chancelier viendrait… Regarde, Friedrich, il vient pour découvrir ton œuvre !

Friedrich : *(se saisissant du papier)* Je ne vois rien qui montre qu'il vient pour moi… absolument rien…

Leonor : Regarde : « Rien ne pourrait m'empêcher d'assister à un événement lié à la mémoire de notre cher Karl Franck. »

Friedrich : Moi, je m'appelle Friedrich Marius Franck ! Pas Karl ! Il ne vient pas pour me voir, moi, je n'irai pas le voir non plus.

Leonor : Friedrich, je ne te comprends pas, tu ne veux pas qu'on te présente au Chancelier ? Le protecteur de ton père ?

Friedrich : Je ne veux rien avoir à faire avec tout cela, je veux qu'on me laisse tranquille, vous entendez ! Je suis déjà étranglé par la honte ! Après tout, c'est vous qui avez organisé cette soirée. Faites ce que vous voulez… mais, s'il vous plaît, ne comptez plus sur moi.

Friedrich sort.

Scène 4
Leonor, Bürstein

Leonor : Mais qu'est-ce qu'il lui prend ? Vous vous êtes disputés ?

Bürstein : Absolument pas. Il est juste excité, comme une jeune fille avant son premier bal !

Leonor : Non, Bürstein, non. Ces derniers temps, j'ai remarqué chez lui une aversion croissante à l'égard de tout ce que nous entreprenons. Franchement, son comportement ne me plaît pas. Tout cela cache un orgueil insupportable.

Bürstein : Ce n'est pas de l'orgueil. Vous vous trompez. Il est très malheureux, c'est tout.

Leonor : Mais que veut-il de plus ? A-t-on jamais contrarié son ambition artistique ? A-t-il jamais été contraint à quoi que ce soit ? Non ? Alors ! Friedrich n'a aucune discipline, aucun respect, aucune conscience de la chance qu'il a d'être le fils d'un tel père et de pouvoir travailler tranquillement !

Bürstein : Plus le calme règne autour des jeunes gens et plus le chaos les envahit. Je le comprends, mais c'est difficile à expliquer ici entre deux portes. Il est déjà tard, il faut que j'aille voir ce qui a été prévu pour accueillir le Chancelier.

Leonor : Oui, oui, bien sûr, il faut s'en occuper tout de suite, en espérant qu'il reste des places. *(Clarissa entre.)* Ah, Clarissa, te voilà. C'est toi qui conduiras l'épouse du Chancelier, au cas où elle viendrait, mais je ne crois pas qu'elle l'accompagne. Y a-t-il autre chose ? Ah oui, Bürstein, il faut installer des fauteuils au premier rang, et non des chaises, exactement comme autrefois. Le Chancelier se souvient de tout. Il faut que tout soit exactement comme pour les lectures de Karl, vous m'entendez ? Mon Dieu, tout se mélange dans ma tête… Autrefois, c'était Karl qui dirigeait tout cela. Il avait un sens merveilleux de la mise en scène. Ah surtout, Bürstein, il ne faut plus vendre de billets. Plus un seul ! Et dites-leur de ne plus laisser entrer personne.

Ils sortent, Clarissa reste seule, Friedrich la rejoint.

Scène 5
Clarissa, Friedrich

Clarissa : Friedrich, qu'est-ce que tu as ?

Friedrich : J'étouffe ici. Je ne supporte plus cette maison… Je ne peux plus les voir, ni les entendre.

Clarissa : Mais qui ?

Friedrich : Tous, tous ces gens qui arrivent, et Bürstein, et notre mère… Je n'en peux plus ! Tu ne peux pas comprendre, petite sœur, tu es partie, tu as ta vie, avec ton mari, tes enfants. Tu t'es protégée, loin d'ici, tu es en paix avec toi-même… Moi je suis éternellement surveillé, je suis l'objet de toutes les questions, de tous les bavardages. Ce que je cherche, c'est un refuge, une poignée d'obscurité et de silence.

Clarissa : Tu prends ces choses trop au sérieux. C'est vrai que cette soirée, je la trouve assez gênante, mais tu peux échapper au pire.

Friedrich : Impossible ! Je ne peux pas m'arracher ce visage qui est le sien, effacer ce nom qui est le sien ! Je suis le fils, toujours le fils, la copie. Et ils me modèlent pour que je lui ressemble, comme le singe ressemble à l'homme…

Clarissa : Mais notre père…

Friedrich : Un père, j'en ai peut-être eu un, mais maintenant, j'ai une pierre à la place d'un père, un monument, une gloire… Je suis condamné à le traîner partout ou je vais.

Clarissa : Tu devrais pourtant en être fier !

Friedrich : Oui, je sais, et heureux d'être le fils d'un tel homme. Tu crois que je ne le sais pas, moi aussi, combien c'est un grand poète, un grand peintre, un grand musicien ! Tu crois que je ne l'aime pas parce que je souffre à cause de lui ?

Clarissa : Je ne sais plus ce que je dois croire. Je suis sûre que tu l'as vraiment aimé.

Friedrich : Je l'ai aimé quand j'étais petit. Tu n'imagines pas à quel point… Je savais déjà que pouvoir lever les yeux vers lui comme vers un dieu, c'était un privilège extraordinaire. Mais pourquoi est-ce qu'ils m'obligent à lutter avec lui alors que je ne pourrai jamais l'atteindre ?

Clarissa : Mais Friedrich, personne n'exige cela ! Si tu présentes quelque chose d'intéressant ce soir, les gens seront déjà très heureux. On ne demande pas à tous les poètes d'être immédiatement un Karl Franck !

Friedrich : Mais à moi, on le demande ! Je dois le surpasser, sinon je vais décevoir tout le monde. C'est un miracle qu'ils attendent de moi, le miracle de son retour ! Et ils sont là à me pousser vers ce sacrilège… même notre mère, Bürstein…

Clarissa : Tu exagères ! Comment peux-tu dire une chose pareille ?

Friedrich : J'ai compris qu'ils m'ont élevé pour cela, depuis des années, qu'ils m'ont inoculé cette ambition. Et ils ont réussi, Clarissa, ils l'ont éveillé en moi, ce besoin passionné de dire quelque chose au monde ! Comme lui… Tu sais, parfois, je sens en moi une force, une puissance mystérieuse qui fait jaillir de moi des mots, des émotions. Alors moi aussi, j'ai l'impression d'avoir le droit d'essayer…

Clarissa : Et cela, c'est merveilleux ! C'est un don du ciel !

Friedrich : Peut-être. Mais quand cette émotion s'exprime, je sens la gloire de Karl Franck se dresser en travers de mon chemin, comme une pierre froide… et je me mets à haïr cette gloire.

Clarissa : Mais Friedrich, que se passe-t-il ? J'ai toujours admiré ton amour passionné pour notre père, ta façon de pénétrer son âme.

Friedrich : Tu veux savoir la vérité ? C'était de la curiosité malsaine… C'était pour découvrir une tache… une tare quelconque cachée dans son intimité qui m'aurait permis de ne plus le craindre autant, de ne plus l'admirer de façon aussi absolue. Mais non, rien. Rien que du marbre partout, pas une fêlure ! Toujours la perfection, toujours Dieu ! Oh, je la connais, sa vie, dans les moindres détails, et je peux te dire qu'elle a été cruellement belle !

Clarissa : Tu es sûr ?

Friedrich : Tous ceux qui l'ont approché sont encore sous le charme, regarde-les, tous, dans cette maison ; ils ne vivent plus leur propre vie ! Il a tout absorbé, tout le monde y a perdu ses forces. Et moi, j'ai fouiné, je me suis abaissé à chercher la faille.

Clarissa : Mais je te connais pourtant !

Friedrich : Mais non, tu ne me connais pas. Pas plus que les autres. Tiens, je vais te raconter quelque chose. Je te le raconte, à toi, parce que tu es la seule qui soit restée humaine… Il y a une seule personne qui puisse dire qu'elle me connaît, qui m'aime comme je suis. C'est une jeune femme, elle m'est proche, très proche, mais en secret naturellement. Elle est tout pour moi, ma femme devant Dieu même si elle ne l'est pas encore. Ma vraie vie est avec elle. Quand je sors de cette maison, de cette serre oppressante, pour aller chez elle, je commence enfin à respirer. Elle, elle m'aime, elle m'a tout donné… elle n'a jamais rien demandé. Clarissa, tu m'écoutes ?

Clarissa : Bien sûr.

Friedrich : Alors écoute-moi bien. Cette jeune femme a exprimé hier soir un souhait. Très timidement, elle m'a demandé si cela ne me dérangeait pas qu'elle achète un billet pour ce soir. Acheter… Tu entends, Clarissa ? Et elle n'est pas riche. Pour entendre mes poèmes lus par Grovik. Si cela ne me dérangeait pas… Et moi, Clarissa, à cette seule personne qui voulait vraiment venir pour moi, qui me connaît et qui m'aime, j'ai dit non. J'ai dit non ! C'est bien pire, j'ai menti. Je lui ai dit qu'il n'y avait plus de billets, je l'ai effrayée en lui disant que c'était une soirée habillée. Et pourquoi ? Parce que j'ai eu peur. Peur du qu'en dira-t-on, peur que quelqu'un devine ce que cette femme représente pour moi, cette femme que je présenterais ce soir à ma mère si j'étais vraiment un homme. Clarissa, sois sincère, tu dois bien sentir l'offense, la bassesse ?

Clarissa : Je ne peux pas trouver cela… noble, bien sûr, mais peut-être pas si tragique. La plupart des hommes auraient agi comme toi dans un cas pareil… peut-être tous.

Friedrich : Peut-être tous… mais pas lui. Pas lui !

Clarissa : Tu es sûr ?

Friedrich : Peux-tu imaginer qu'il aurait fait cela à ma mère ? Il aurait détruit sa propre vie plutôt que de faire du mal à quelqu'un. C'est comme cela qu'il est devenu ce prodige devant lequel nous sommes tous pétris de respect… sauf moi.

Clarissa : Friedrich, voilà maman ! Ressaisis-toi. Je te comprends…

Leonor entre.

Scène 6

Leonor, Clarissa, Friedrich, Bürstein

Leonor : Ah, Clarissa, ma chérie, s'il te plaît, peux-tu faire ajouter quelques chaises… sur le côté peut-être.

Clarissa : Oui, maman.

Clarissa sort.

Leonor : Friedrich, je te prie instamment de descendre voir Grovik. Il a déjà demandé deux fois où tu étais et il semble offensé que tu ne te sois même pas donné la peine de le saluer dès son arrivée. Ton père n'aurait certainement pas…

Friedrich : Vous m'avez suffisamment rappelé son souvenir pour aujourd'hui !

Leonor : Je t'interdis de faire de telles remarques, et surtout de m'interrompre. Je disais donc, si tu le permets, que ton père, lui aussi, refusait de se montrer reconnaissant envers ses interprètes, car il voulait les savoir attachés à son œuvre, et non à lui personnellement. Mais il n'a jamais pris le risque de vexer qui que ce soit. Je serais très peinée, tu entends, que son fils en soit capable.

Friedrich : Je crois pourtant que c'est ce que je viens de faire. Mais vous avez raison, mère, je descends tout de suite saluer Grovik. J'aurais vraiment dû l'accueillir.

Leonor : Et je te prie aussi… au cas où le Chancelier exprimerait le désir de te parler, d'être disponible. Je ne te demanderai jamais d'être servile, mais le Chancelier est un ami de notre famille. La coutume voulait même autrefois qu'il reste une heure chez nous après la lecture. Il est de ton devoir de l'inviter à monter, comme le faisait ton père.

Friedrich : Je vous en prie, mère, chargez-vous-en, après tout vous êtes la gardienne de ce lieu. Je vous prie de m'excuser. Vous pensez tous que je ne veux pas assumer cette responsabilité ; c'est juste que je ne peux pas, je ne peux pas, vous m'entendez… Je ne suis pas doué pour la représentation.

Leonor : Il est grand temps que tu apprennes ! Il faut que tu t'habitues à vivre les portes ouvertes et avec l'attitude qui convient.

Friedrich : Vous, rien ne vous trouble. Moi, je ne suis pas capable de dire les choses que je ne pense pas, je ne sais pas faire cela… Ce soir, ne comptez pas sur moi… en rien.

Bürstein entre, attiré par la voix de Friedrich.

Bürstein : Friedrich !

Friedrich : Ne me surestimez pas, je ne suis pas grand, je n'ai aucune valeur. Je n'ai pas ma place ici.

Bürstein : Mais Friedrich, sois raisonnable, ne t'exalte pas comme cela !

Maria Folkenhof entre.

Scène 7
Maria, Bürstein, Leonor, Friedrich

Maria : Ai-je été annoncée ? Il y a bien quelqu'un à qui je vais pouvoir parler…

Bürstein s'approche.

Bürstein : Hermann Bürstein. Que puis-je faire pour vous ?

Maria : Excusez-moi de vous déranger. C'est ma faute, j'aurais dû me procurer un billet pour ce soir par correspondance. Je ne vis pas ici. C'est en lisant dans un journal que Friedrich allait faire entendre son œuvre pour la première fois que je me suis décidée à faire le voyage, et je crains d'arriver trop tard… On m'a dit en bas que tous les billets étaient vendus. Mais j'ai tout de même voulu essayer.

Bürstein : Hélas, madame, nous sommes déjà complets.

Maria : Quel dommage… Je n'aurais pas cru revenir ici un jour, et puis cette occasion s'est présentée… et c'est trop tard, c'est cela ? Quel dommage ! Il n'y a vraiment aucune possibilité ? Peut-être pourrait-on m'attribuer une place debout ? J'aurais tellement souhaité…

Bürstein : Ce n'est pas à moi que revient la décision. Peut-être que…

Leonor : Non, je suis désolée, il n'y a aucune possibilité, absolument aucune ! Tout est réservé depuis le premier jour pour les amis de la maison. Pour les étrangers, malheureusement…

Maria : Ah Leonor, je ne vous avais pas vue. Mais j'ai reconnu le ton de votre voix… Je n'étais pas venue pour solliciter une faveur. C'est vrai, je suis entrée comme une étrangère… comme une parfaite étrangère… Mais vous n'auriez pas dû utiliser ce mot-là, pas vous.

Leonor : Je regrette, je n'ai pas trouvé de mot plus approprié.

Maria : Vous regrettez… Vous allez peut-être le regretter plus encore ! D'autres seront plus à même de juger si j'étais aussi étrangère ici que vous voulez bien le dire… si importune que l'on me ferme la porte de la maison de Karl Franck ! Peut-être que la décision de savoir qui était l'importune n'est pas tout à fait établie. Ah, la « bonté désintéressée », la tradition d'une « vraie humanité », c'était écrit ce matin dans le journal. Alors il faut que je parte…

Bürstein : Il y aura certainement une autre représentation dans les prochains jours. Je me permettrai de vous…

Maria : Merci, merci. Cet accueil m'a suffi… largement suffi. On ne devrait pas vieillir, on dessèche dans la mémoire des gens.

Friedrich : Pardon, madame, je vous dois des excuses au nom de cette maison. Je ne vous connais pas mais j'entends que vous vouliez… me faire l'honneur d'assister à cette soirée, que vous avez entrepris un voyage pour cela. Il est normal que l'on vous trouve une place. Tout à fait normal… Et je suis sûr que c'est ce qu'aurait fait mon père.

Maria : Ah mais oui, vous êtes… vous êtes… Oh, comme vous lui ressemblez ! La voix aussi ! Exactement sa voix ! Vous êtes Friedrich Franck. Je vous remercie beaucoup. J'aurais aimé accepter votre aimable invitation, j'ai tant rêvé que vous soyez différent des autres, et mon vœu est accompli… Mais je ne veux pas vous déranger.

Friedrich : Maintenant, c'est moi qui vous supplie de rester et d'assister à la lecture. Il y a si peu de gens qui viennent vraiment pour moi ce soir ! Je vous en prie, puis-je vous accompagner à votre place ?

Maria : Vous êtes bon avec moi. Je vous remercie infiniment !

Maria sort au bras de Friedrich.

Scène 8

Leonor, Clarissa, Bürstein

Leonor : *(se tournant vers Clarissa et Bürstein)* J'avais ordonné de ne laisser monter personne ! Personne !

Clarissa : Mais… j'ai cru bien faire !

Leonor : S'il te plaît !

Clarissa : Mère…

LEONOR : Fais ce que tu veux dans ta maison ! Ici, c'est moi qui commande. Je ne supporterai pas la moindre contestation ! Alors c'est cela, vous êtes tous contre moi… et je ne parle même pas de l'insolence de Friedrich ! Et toi, ne te mêle pas de choses que tu ne peux pas comprendre ! *(Clarissa sort, Leonor poursuit.)* Et vous, Bürstein, descendez ! Allez rejoindre les invités !

BÜRSTEIN : Je dois avouer que je ne comprends rien à votre emportement… toute cette scène… C'est la première fois que je vous vois perdre ainsi votre maîtrise.

LEONOR : Parce que je ne tolère pas votre impertinence ! Comment a-t-elle pu oser franchir le seuil de la maison… Monter ici…

BÜRSTEIN : Oui mais enfin… qui est-ce ?

LEONOR : Vous ne l'avez pas reconnue ?

BÜRSTEIN : Non…

LEONOR : Vous n'allez tout de même pas me faire croire que vous, le confident et ami de mon mari, comme vous aimez à le dire vous-même, vous ne connaissez pas madame Folkenhof ?

BÜRSTEIN : Folkenhof ? Maria Folkenhof ?… Maria ?

LEONOR : Oui, Maria ! Maria ! Je vois que la mémoire vous revient !

BÜRSTEIN : Mais comment est-ce possible ?

LEONOR : Commencez-vous à comprendre mon emportement ?

BÜRSTEIN : Vous avez toujours dit qu'elle était morte !

LEONOR : Elle est morte. Pour moi.

BÜRSTEIN : Qu'elle était morte en Amérique…

LEONOR : Eh bien, vous voyez… elle est vivante et en pleine forme, elle s'introduit chez moi, mon fils va la présenter à tout le monde. On ne verra plus qu'elle ! D'ailleurs, je vois que vous êtes impatient, vous aussi. Vous avez envie de descendre. Je vous en prie, allez la rejoindre, je ne retiens personne.

BÜRSTEIN : Maria Folkenhof… Mais c'est impensable. Si je m'en étais douté ! Si vous le saviez, comment avez-vous pu me faire croire qu'elle était morte ?

LEONOR : Je pensais que Karl vous avait informé. Vous étiez tout de même son éditeur, le gardien de ses secrets, non ? Ou du moins, vous plaisiez-vous à jouer ce rôle.

BÜRSTEIN : Oh, je vous en prie, épargnez-moi vos sarcasmes ! Vous feriez mieux de dompter votre mauvaise humeur. En vexant cette femme, vous en avez déjà assez fait ! Je vous laisse juger par vous-même de la légèreté de votre attitude. Vous allez voir que j'ai très bien compris ce qu'elle a dit !

LEONOR : Que voulez-vous dire ?

BÜRSTEIN : Que cette femme va clamer partout la vérité !

Leonor : Quelle vérité ?

Bürstein : Elle dira tout ! Tout ! Ne vous bercez pas d'illusions. Maria Folkenhof va parler. Et elle a raison puisque votre haine la chasse de nouveau de la maison de Karl Franck… puisqu'on la traite d'étrangère ici. Fou que je suis, je me suis laissé abuser, et j'ai abusé les autres !

Leonor : Elle pourra bien dire ce qu'elle veut, personne ne la croira.

Bürstein : Mais si, tout le monde la croira ! Tout le monde ! Vous ne sentez pas déjà monter les soupçons ? Dans son article sur Karl, Franz Meister vient de faire allusion à certaines erreurs… des erreurs qu'il faudrait élucider. Et puis elle doit avoir gardé les lettres de Karl !

Leonor : Elle n'a plus de lettres, elle les a brûlées.

Bürstein : Comment le savez-vous ?

Leonor : Elle le lui a promis. Dans la dernière qu'elle lui a écrite.

Bürstein : Et vous y croyez ? Les femmes promettent ce genre de choses mais elles ne le font jamais. On ne brûle pas les lettres de Karl Franck… ou ses papiers… Une seule femme pouvait les détruire, vous ! Avec votre ambition… Et moi, je me suis laissé faire !

Leonor : J'assume la responsabilité de mes actes. Il existe un devoir, plus fort que les reproches que l'on pourrait me faire. Je devais préserver l'image de Karl et disons que j'ai été obligée de masquer certains épisodes pour protéger son intégrité.

Bürstein : Certains épisodes ? Des mensonges du début à la fin ! Vous… vous avez tout sur la conscience, un jour vous devrez en rendre compte. Vous m'avez obligé à mentir ! À cause de votre jalousie insensée et de votre soif de domination, qui vous poussent encore à malmener le poète mort… et qui vous poussaient déjà à le façonner quand il était vivant ! C'est vous et vous seule, Leonor.

Friedrich qui a entendu les derniers mots de Bürstein, entre.

Scène 9
Friedrich, Bürstein, Leonor

Friedrich : Bürstein, comment osez-vous parler ainsi à ma mère ? Mais qu'est-ce qui se passe ? On entend des cris au pied de l'escalier… Alors que les invités attendent en bas. On chasse cette femme comme un chien… Tout cela sous des airs de mystère. J'ai le droit de savoir ce qui se passe dans cette maison ! Qui est cette femme ?

Bürstein : Demande à ta mère !

Bürstein sort.

Leonor : Ce n'est pas le moment. Nous avons autre chose à faire. Et ce n'est pas si important.

Friedrich : Tout ce qui concerne mon père est important pour moi. Surtout quand je sens qu'on essaie de me cacher quelque chose. Je veux savoir la vérité. Qui est cette femme ?

Leonor : Et moi, je ne tolère pas que l'on me parle sur ce ton !

Friedrich : Je veux le savoir et je le saurai. Je vois que tout le monde la connaît…

Leonor : Est-ce qu'elle t'a dit quelque chose ?

Bürstein revient aussitôt.

Bürstein : Le Chancelier…

Leonor : Très bien. Je vais à sa rencontre. Nous allons commencer.

Leonor sort.

Scène 10
Friedrich, Bürstein, Clarissa

Friedrich : Maintenant, Bürstein, dites-le-moi, qui est cette femme ?

Bürstein : Madame Folkenhof.

Friedrich : Folkenhof ? Folkenhof… Je ne connais pas. Attendez… Si. Ce nom me rappelle très vaguement quelque chose. J'ai dû l'entendre quand j'étais enfant. Folkenhof… Maria Folkenhof… Maria…

Bürstein : C'est cela.

Friedrich : C'était du temps de mon père. Attendez… Je sais ! Il y avait une photographie sur son bureau avec écrit « Maria » au dos. Ah ! c'est pour cela… cette sensation étrange. Quand cette femme est entrée, j'ai eu l'impression de la connaître depuis longtemps, très longtemps… Je sentais une ressemblance mais je ne savais pas avec qui. Je m'en souviens, de ce cadre, et pourtant je ne l'ai plus jamais revu. Il a disparu de son bureau depuis. Et ma mère disait que rien n'avait été touché depuis le jour de sa mort. Il y avait une autre photo aussi, qui a disparu. Elle était accrochée à gauche au-dessus du bureau. Une tour ronde au bord d'un lac, le lac de Genève je crois. Un château… Comme c'est bizarre, j'étais assis sur les genoux de mon père et il me racontait l'histoire d'un prisonnier qui avait creusé un tunnel dans la pierre avec des clous. Je m'en souviens, cela m'excitait beaucoup et je lui demandais : « Tu étais aussi prisonnier dans la tour, toi ? » Et il souriait : « Non, là-bas, j'étais libre. » Oui, cela me revient. Et elle a disparu, cette photo. Pfft… disparue… depuis qu'il est mort. Bürstein, pourquoi est-ce que vous me cachez tout ?

BÜRSTEIN : Mais, Friedrich… Ce sont de vieux souvenirs d'enfant.

FRIEDRICH : Dans cette maison, les portes sont ouvertes, mais derrière, il y a quelque chose qui est caché… un mystère à propos de mon père que je ne dois pas connaître, c'est cela ?

BÜRSTEIN : Je crois que ton imagination t'emporte.

FRIEDRICH : C'est bizarre, je respire plus librement depuis que je sais qu'il y a un mystère ici. Votre défense me le confirme. Et je l'ai compris en voyant cette femme : elle est venue vers moi comme si elle me cherchait, moi… Étrange, étrange soirée…

Clarissa entre précipitamment.

CLARISSA : Friedrich, le Chancelier te demande. Il veut te parler.

Friedrich se tait.

BÜRSTEIN : Pour l'amour de Dieu, Friedrich, fais-moi le plaisir de descendre le voir.

FRIEDRICH : Vous voyez, Bürstein, il y a des hasards singuliers. Je suis passé des milliers de fois devant ce portrait de mon père et aujourd'hui, pour la première fois, je vois un sourire au coin de ses lèvres… un tout petit sourire… comme on sourit quand on cache quelque chose. Et un sourire que l'on ne peut comprendre que si soi-même, on sait sourire ainsi… aussi légèrement. Je viens de le remarquer et cela me réjouit. Clarissa, allons voir le Chancelier.

Acte II

En ville, dans la chambre d'hôtel de Maria.

Scène 1
Maria, Bürstein

Maria : Entrez, monsieur Bürstein, je vous en prie. Ne voulez-vous pas vous asseoir ?

Bürstein : Merci… merci beaucoup. Peut-être allez-vous trouver audacieux que je me présente ici chez vous… Je n'ai pas eu l'occasion hier. J'étais très ennuyé de n'avoir pas pu satisfaire votre demande. Et je viens justement pour vous prier de m'en excuser.

Maria : Finalement, on m'a attribué une très bonne place, je n'aurais pas pu être mieux assise.

Bürstein : Tant mieux, tant mieux. Je venais juste pour… Enfin, je tenais personnellement à vous dire que je n'étais en aucun cas responsable de cet incident. Je ne voudrais pas que vous vous mépreniez sur mes intentions. Nous serions tous ennuyés que vous gardiez de cette soirée une impression désagréable.

Maria : Excusez-moi, monsieur, je ne sais pas si je vous comprends bien. Parlez-vous en votre nom ou vous a-t-on confié un message ?

Bürstein : Non, absolument pas, je voulais seulement…

Maria : Vous avez dit : « Nous serions tous ennuyés. »

Bürstein : C'est que notre maison et ses habitants représentent une tradition, ils forment une vraie famille. Ce « nous » correspond à une habitude due à notre sentiment d'appartenance.

Maria : Bien. Je ne suis pas surprise. Le contraire m'eut étonnée.

Bürstein : C'est une nécessité très personnelle qui m'a poussé à venir ici. Je n'ai appris qu'hier soir, bien trop tard, qui vous êtes... Et...

Maria : Pardon de vous interrompre à nouveau. Qui pensez-vous que je suis ?

Bürstein : Mais, chère madame, je ne sais pas si vous connaissez la position que j'ai occupée auprès du maître. J'ai consacré toute ma vie à l'étude et l'édition de son œuvre. Je traque le moindre détail, les Archives nationales n'en sont pas capables, et toute personne qui a été proche de lui un jour est, pour moi, de la plus haute importance... Alors quand j'ai entendu votre nom hier, ma priorité a été de vous rencontrer. Votre présence est un événement pour moi, un événement incomparable.

Maria : Et donc, selon vous, j'aurais été proche de Karl Franck ? Qu'est-ce qui vous le fait penser ?

Bürstein : Mais, chère madame, moi qui connais bien sa vie... Je sais, je connais l'importance ...

Maria : Ah ? Vous savez... Et depuis quand ?

Bürstein : Depuis... Je le sais depuis longtemps bien sûr... mais des détails seulement... Je n'avais pas tous les éléments.

Maria : Je vous le demande parce que, comme vous avez dû le supposer, j'ai lu votre biographie de Karl... plusieurs fois même... les quatre volumes. Elle est très... précise. C'est vraiment étonnant que vous ayez pu déterminer si exactement le jour de l'arrivée de son perroquet, et même le prix du volatile. Mais je ne me souviens pas d'avoir trouvé, dans toute cette œuvre, le moindre signe de l'importance que j'aurais eue dans la vie de Karl Franck. À moins que cela m'ait échappé ?

Bürstein : Sa biographie... Oh, ne m'en parlez pas. Je suis le premier à savoir à quel point elle est incomplète. Je l'ai écrite trop rapidement. Ce n'était qu'un premier jet. Je cherche à l'améliorer depuis des années. C'est justement pour cela que vos éclaircissements m'importeraient infiniment. Voilà pourquoi j'ai tenu à vous rencontrer...

Maria : Et pourquoi moi ? Tout ce que je sais, Leonor le sait aussi, elle que vous célébrez dans votre préface en tant que témoin impartial de cette belle vie. Qui sait si je ne vais pas être partiale, moi aussi... Si vous m'aviez interrogée il y a dix ou quinze ans... alors peut-être... Mais vous ne l'avez pas fait. Aujourd'hui, je ne pourrais m'insérer dans votre œuvre qu'avec une certaine ambition, vous comprenez ? Je préfère rester l'étrangère, telle que l'on m'a qualifiée hier soir. Non, décidément, votre travail doit renoncer à mon concours, une fois pour toutes !

Bürstein : J'ai commis une faute impardonnable en écrivant cette biographie. Et elle contient sans doute d'autres erreurs...

Maria : Sans doute. Vous pouvez le dire, monsieur Bürstein. Puisque presque tout est faux.

Bürstein : Pourquoi il y a tant d'erreurs ? Aujourd'hui, je ne le comprends plus moi-même. Je sais bien que je ne peux pas espérer votre confiance. Et je savais que je me trouverais devant vous aussi confus que je le suis maintenant. J'espérais apprendre de vous quelques vérités dont je n'aurais pas encore eu connaissance…

Maria : Qu'entendez-vous par « vérités » ? Je ne vous saisis pas tout à fait…

Bürstein : Est-ce qu'il ne resterait pas des manuscrits de la main de Karl Franck… ou des lettres…

Maria : Des lettres adressées à moi ?

Bürstein : Pendant toutes ces années… Il serait raisonnable de penser…

Maria : Si je vous disais que je n'ai plus aucune lettre.

Bürstein : Donc vous les avez brûlées ? Comment avez-vous pu faire une chose pareille ! Les lettres de Karl Franck devaient être une vraie splendeur !

Maria : Qu'est-ce qui vous fait penser que j'ai brûlé les lettres ?

Bürstein : Mais vous avez bien…

Maria : *(se levant brusquement)* Je vous remercie, monsieur Bürstein ! Je sais maintenant pourquoi vous êtes venu. Nous sommes désormais au clair, vous et moi. Je sais ce que vous voulez. Nous n'avons plus besoin de jouer à cache-cache. Vous ou Leonor, vous avez lu mes lettres à Karl. Trois fois je les ai réclamées, après sa mort. Mais on m'a affirmé que Karl les avait détruites. Maintenant, je sais qui les a détruites ! Tous les deux, vous connaissiez la vérité. Et vous l'avez falsifiée !

Bürstein : Vous avez raison, mais…

Maria : En l'idéalisant, vous avez falsifié toute la vie de Karl ! La jalousie de Leonor est si féroce qu'elle m'a effacée, et avec quelle violence ! Et elle est terrifiée à l'idée que j'aie conservé la correspondance de Karl, et elle vous envoie vers moi. Ah, elle aimerait bien savoir si elles ont été brûlées, ces lettres, et si vous allez pouvoir continuer à mentir tranquillement.

Bürstein : Je ne peux pas croire que vous les ayez détruites !

Maria : Elles concentrent toute votre angoisse, ces lettres ! Voilà pourquoi vous êtes venu, Hermann Bürstein, c'est la seule raison ! À présent, je connais mon jeu. Et vous connaissez le vôtre. Calmez Leonor, si vous pouvez… Mais dites-lui que les lettres n'ont pas été brûlées. J'en avais l'intention, mais je n'en ai pas trouvé la force. Mes mains s'y sont refusées, et mon cœur aussi. Les lettres n'ont pas été brûlées, non, Hermann Bürstein ! Je les ai encore ! Toutes ! Toutes !

Bürstein : Vous les avez… toutes !

Maria : Dans une maison de grande tradition et de grands idéaux, on brûle peut-être, on expurge, on falsifie… Eh bien moi, non ! Des personnes qui ne vous faisaient pas confiance, monsieur Bürstein, sont venues me trouver et m'ont offert des liasses de billets contre ces lettres. Mais je n'ai rien vendu, je les ai cachées ! Je me suis tue pendant vingt ans et je préférerais mourir de faim plutôt que de vous confier quoi que ce soit, vous m'entendez ? Je les ai toutes, il ne manque pas une ligne, pas un mot, pas une page ! Les voilà ! Toutes ! De la première, qu'il m'a écrite il y a plus de quarante ans, jusqu'à la dernière sur son lit de mort ! Écrite au crayon ! Je les connais par cœur, tellement je les ai lues. Ces lettres ne me quittent pas. Elles sont toute ma vie. C'est mon trésor, ma seule richesse.

Bürstein : Et cela ?

Maria : Cela, c'est le cahier qui contient ses poèmes de jeunesse. Et le fameux manuscrit…

Bürstein : Vous avez le manuscrit de *Héro et Léandre* ?

Maria : Vous avez raconté qu'il l'avait détruit, hein ? Eh bien le voilà !

Bürstein : Et ses poèmes de jeunesse ?

Maria : Ils sont là, enfermés avec le reste ! Je ne vous en remettrai pas une page, pas une ligne, vous m'entendez ? Rien que vous puissiez découper, déformer. Cela, vous ne l'aurez jamais ! Vous m'avez trop piétinée…

Bürstein : Mais madame, il est impensable que personne ne puisse les voir…

Maria : Vous avez raison ; vingt ans que je me tais ! Je ne peux plus me taire ! Le monde entier doit l'entendre. Le monde entier… J'ai sacrifié ma vie pour lui ! J'ai été écartée, je suis partie en Amérique. Mais non, je ne me laisserai pas enterrer plus longtemps ! Vous m'avez crue morte parce que je me suis tue… pour lui… pour lui.

Bürstein : Écoutez-moi, madame, je vous en conjure. J'étais écrasé de respect pour cet homme, tellement heureux qu'il me tolère. Après la mort de Karl, on m'a confié sa biographie et j'ai fait tout ce que l'on me demandait. Il fallait combler les vides, répondre aux questions, et il était trop tard, impossible de revenir en arrière. Et hier, lorsque je vous ai vue, j'ai pris conscience du tort que nous avions fait. En entendant votre nom, tout ce que j'ai longtemps soupçonné s'est éclairé.

Maria : Comment vous croire ?

Bürstein : On s'installe dans le mensonge. Mais je me suis juré de rectifier, de retrouver ma fierté.

Maria : Hier soir, j'étais venue pour faire la paix.

Bürstein : Faire la paix ?

Maria : Je voulais voir sa tombe et surtout rencontrer son fils. Je suis tellement fatiguée de tout cela, je voulais me reposer dans nos souvenirs… Et elle m'a chassée de cette maison ! Elle m'a tout volé, lui et son œuvre ! Tout ! Et voilà, en plus, qu'elle vous envoie ici. Alors, c'est cela que vous êtes venu m'acheter, n'est-ce pas ? Ou peut-être me l'arracher ?

Bürstein : Madame…

Maria : « Allez flatter cette vieille femme », c'est ce que vous a demandé Leonor ? « Flattez-la et prenez-lui tout ce qui lui reste » … Mais je ne donnerai rien. Plus rien, vous entendez ! J'ai trop cédé à cette femme tyrannique.

Bürstein : Asseyez-vous je vous en prie. Je vous comprends très bien, mais vous faites erreur…

Il lui donne un verre d'eau.

Maria : Merci, cela va déjà mieux. C'est idiot de ma part de me mettre dans des états pareils. Plus de dispute… Je veux juste un peu de repos. Laissez-moi s'il vous plaît.

Bürstein : Je vais vous laisser, chère madame… mais…

Maria : Je vous remercie de vos efforts, mais vous voyez vous-même que cela n'aurait aucun sens. Ces lettres sont le dernier bien que je possède. Je ne veux pas qu'elles soient détruites. Diriez-vous qu'elles seraient en sécurité dans sa maison ? Le diriez-vous ?

Bürstein : Je…

Maria : Répondez-moi. Dites-moi la vérité.

Bürstein : Je crains que non.

Friedrich apparaît dans l'entrebâillement de la porte.

Scène 2
Maria, Bürstein, Friedrich

Maria : Oui ? Qui est-ce ? Friedrich ? Mais que se passe-t-il ? Je vivais depuis des années dans un cercueil. Et voilà qu'on me déterre. Un second messager ! Déjà ! Elle est pressée, très pressée. Comme sa panique me fait du bien ! *(À Bürstein.)* Et vous étiez venu à l'insu de Leonor ? Et j'ai failli vous croire !

Bürstein : Je ne comprends pas. Friedrich, que fais-tu ici ?

Maria : Un messager n'était donc pas suffisant. Friedrich, nous n'avions pas rendez-vous, n'est-ce pas ?

Friedrich : En effet. Si j'avais imaginé vous trouver ici, Bürstein ! Je vois que je n'arrive pas au bon moment… Je vous dérange… Est-ce que je peux espérer… Demain peut-être ?

Maria : Non. Je vous en prie, restez. Demain, je serai déjà loin. Monsieur Bürstein et moi, nous nous sommes tout dit. Il n'y a plus, je crois, de zone d'ombre entre nous.

Bürstein : Je n'ai plus qu'à vous remercier de m'avoir reçu. *(À Friedrich.)*

Friedrich, tu vas rejoindre ta mère tout à l'heure, n'est-ce pas ? Grovik est resté pour le déjeuner.

FRIEDRICH : Non. J'ai des choses plus importantes à faire. Prévenez ma mère, s'il vous plaît.

BÜRSTEIN : Bien, bien, comme tu voudras… Je vous remercie encore, chère madame. Je n'ai pas réussi à m'exprimer comme je le voulais, je vais donc me permettre de vous écrire.

Il sort.

Scène 3
Friedrich, Maria

FRIEDRICH : *(suivant des yeux la sortie de Bürstein)* Je ne l'ai jamais vu comme cela. C'est étrange. Il est toujours tellement sûr de lui. Est-ce qu'il a… ? Non, pardonnez-moi, je suis indiscret.

MARIA : Tenez, asseyez-vous ici. Puis-je vous offrir du thé ?

FRIEDRICH : Oh, merci ! Non. Je n'ai pas l'intention de vous importuner longtemps. J'avais besoin de vous remercier d'être venue spécialement pour moi hier soir.

MARIA : C'est à moi de vous remercier. Cette soirée a été « particulière », exceptionnelle en tout point. Je ne pensais plus vivre une soirée de la sorte. Quand on vieillit, on reçoit ce qui est inattendu comme un cadeau. Je me suis tout à coup retrouvée assise dans cette vieille maison, à écouter votre œuvre. Oui, votre œuvre, Friedrich ! Je me croyais oubliée de tous, et vous venez me rendre visite…

FRIEDRICH : Je me dois d'être sincère avec vous. Vous avez dit tout à l'heure, lorsque Bürstein était là, que vous aviez l'impression que j'étais venu pour une raison précise… Cela m'a surpris. En fait, non, aucune raison. C'est peut-être fou de le dire aussi ouvertement.

MARIA : Au contraire, Friedrich. J'ai craint un instant qu'il y ait un rapport entre votre visite et la mission de Bürstein…

FRIEDRICH : Ne me confondez pas avec lui, je vous en prie ! Je n'ai pas la moindre idée de ce que Bürstein voulait vous demander. Je ne sais rien de leurs affaires.

MARIA : C'est peut-être mieux ainsi.

FRIEDRICH : Mais il y a des choses que l'on me cache. Un secret…

MARIA : Ah !

FRIEDRICH : Et c'est la raison pour laquelle je voudrais apprendre de vous ce qui vous relie si fortement à cette maison.

MARIA : Qui je suis ?

Friedrich : Oui.

Maria : Oh, Friedrich… Un souvenir du passé.

Friedrich : Il y a en vous une force, une puissance ! Visiblement, on vous craint… Je n'ai jamais vu ma mère aussi troublée, elle qui sait toujours si bien se dominer. Et Bürstein était tellement désarçonné quand il est sorti ! Vous avez un pouvoir sur les gens.

Maria : Oh, n'exagérez pas. Je vous l'ai dit : je ne suis rien de plus qu'un fantôme du passé.

Friedrich : Vous avez un réel pouvoir sur eux, et il vient de mon père, non ? C'est pour cela que vous avez déjà un pouvoir sur moi ! Un pouvoir qui m'a attiré ici !

Maria : Votre vie est liée à la mienne.

Friedrich : Qui êtes-vous ? Qui étiez-vous ? Sans vous connaître, je vous connais. À peine étiez-vous entrée dans le salon que votre visage a surgi de mon enfance.

Maria : Mais Friedrich, comment pourriez-vous vous souvenir de moi ? Il y a si longtemps que je me suis installée de l'autre côté de l'océan.

Friedrich : C'est l'enfant en moi… qui a reconnu la photographie.

Maria : Quelle photographie ?

Friedrich : Une photographie décolorée, dans un cadre doré, vous aviez les cheveux longs, mais c'était bien votre visage. Elle est restée longtemps posée sur le bureau de mon père. Je l'ai vue si souvent !

Maria : Elle était sur son bureau ? Je ne savais pas.

Friedrich : Jusqu'à son dernier jour !

Maria : Je vous remercie, Friedrich, je vous remercie beaucoup de me dire cela.

Friedrich : Puis un jour elle a disparu. Vous avez disparu avec elle de ma mémoire. Mais hier soir, lorsque vous êtes entrée, je me suis vu sur les genoux de mon père ! Je l'ai senti si proche de moi, sans comprendre pourquoi. Alors que je ne sais rien de vous, mis à part votre nom.

Maria : Ils ne vous ont rien dit ?

Friedrich : Rien, pas un mot.

Maria : Et il a gardé mon portrait jusqu'au dernier jour…

Friedrich : Qui étiez-vous pour mon père ?

Maria : Pour votre père ? Le sait-on soi-même, ce que l'on est pour quelqu'un… Un soutien, un amour, un poids… Parfois même un fardeau, une culpabilité. Tout cela a été tellement entremêlé dans notre histoire. Puis arrive un grand garçon qui demande : « Qu'étiez-vous pour mon père ? »

Friedrich : Oui.

Maria : Ce que j'ai été pour lui… Parfois beaucoup, et parfois rien. *(Maria se dirige vers la table, extrait un manuscrit.)* Regarde. Lis…

Friedrich : Qu'est-ce que c'est ? Son manuscrit ? *Héro et Léandre* ! C'est vous qui l'avez ? On m'a toujours dit qu'il l'avait détruit le jour de son mariage ! Comment ont-ils pu me raconter cela !

Maria : Que n'ont-ils pas raconté !

Friedrich : Son manuscrit ! Entier ! Il n'a pas été détruit. C'est incroyable ! *(Il lit.)* Chillon-sur-Léman. Mon père a écrit ce texte à Chillon ? Ma mère m'a toujours dit que c'était à Florence. Et il y a un poème en introduction… Je ne le savais pas. Un poème qui vous est dédié ! « Pour Maria »… Mais c'est une effroyable erreur ! Envers vous ! Le monde entier croyait que le manuscrit était dédié à ma mère !

Maria : Non, c'est à moi, en effet.

Friedrich : Donnez-moi ce manuscrit ! Juste pour une heure !

Maria : Mais pourquoi ?

Friedrich : Je dois le montrer ! Il faut qu'ils sachent !

Maria : Pensez-vous que votre mère ne le sait pas ? Elle le sait aussi bien que moi.

Friedrich : Et Bürstein aussi ?

Maria : Bien sûr. Bürstein aussi.

Friedrich : C'est un mensonge ! Une tromperie !

Maria : Eh oui !

Friedrich : Je comprends maintenant leur peur… leur terreur ! Alors c'est comme cela qu'ils ont conservé la mémoire de mon père ! Comment ont-ils osé falsifier sa dédicace ? Ils vous ont effacée.

Maria : Oui, effacée, c'est le mot juste, Friedrich. Ils m'ont éliminée pour que personne ne sache qui j'étais pour lui.

Friedrich : Je dois savoir tout ce qu'ils m'ont caché !

Maria : Je vais te le raconter, Friedrich, te parler de ces premières années si difficiles. Nous avons passé des hivers entiers, dans une pièce mal chauffée, lui à son écriture, moi à mon travail de couture, jusqu'à ce que mes doigts s'engourdissent et que ses yeux se brouillent. J'ai travaillé ainsi pendant des années pour gagner le peu d'argent qui nous permettait de vivre. Et comme il était joueur, il a même mis mon manteau en gage pour aller jouer.

Friedrich : Il jouait ?

Maria : Il voulait devenir riche, sortir de la misère pour se vouer entièrement à son œuvre. Quand j'ai touché un petit héritage de ma tante, nous avons pu nous installer en Suisse.

Friedrich : À Chillon !

Maria : Oui, à Chillon-sur-Léman. C'est là qu'il a été libre de travailler sans limites pour la première fois. C'est là qu'il a écrit ses grands textes. Ils sont nés de nos nuits, de nos efforts, de ma fatigue… Ce sont mes enfants, ils me les ont volés !

Friedrich : Alors, dans sa trilogie, ce personnage de la nuit, l'ombre qui flotte au-dessus de son bureau, le cliquetis des ciseaux dans son poème, c'est vous… Ce sont ses vers les plus émouvants.

Maria : D'un coup de balai, ils m'ont chassée de son œuvre !

Friedrich : Mais comment avez-vous pu garder le silence pendant tout ce temps ? Et supporter cette trahison ?

Maria : Je me suis tue parce que je n'y ai pas cru ! Comme toi, Friedrich, je pensais que ce n'était pas possible.

Friedrich : Écoutez-moi, je ne veux plus être le fils d'une légende ! Aussi vrai que je vis et respire, Maria, je vais vous faire ressusciter ! Mais vous devez me dire toute la vérité. Est-ce que c'est mon père qui vous a quittée ?

Maria : Ne parlons pas de cela.

Friedrich : Mais si ! Vous avez porté sa jeunesse, sa pauvreté, ses années difficiles, et il vous a quittée dès qu'il a été reconnu ?

Maria : Ne parlons plus de cela ! Friedrich, tu es son fils et je ne veux pas que tu lui en veuilles.

Friedrich : Mais j'ai besoin d'y voir clair ! Je veux connaître l'homme dont je suis le fils. On me l'a caché, rendez-le-moi ! Même s'il a mal agi envers vous. Est-ce ma mère qui vous l'a pris ? Parlez-moi.

Maria : Laisse ta mère en dehors de cela. Elle aussi, elle l'a aimé.

Friedrich : Pourquoi vous a-t-il quittée ? Qui a quitté l'autre ?

Maria : Je ne veux pas parler de cela.

Friedrich : De qui est-ce la faute ?

Maria : La faute ? C'est toi ! Tu es la faute !

Friedrich : Moi ?

Maria : Toi ! Tu es la vraie raison ! Quand ta mère s'est engouffrée dans nos vies, j'ai tout de suite perçu sa volonté de fer, j'ai su que ce serait une lutte à la vie à la mort entre elle et moi. Moi aussi j'étais coriace, autrefois ! Mais j'étais l'ombre de la pauvreté… Elle, elle était l'éclat de la richesse. Elle pouvait délivrer de sa peur l'artiste qui était en lui, lui donner ce qu'il espérait depuis sa jeunesse : la liberté d'écrire. Et elle a été obstinée, elle a même tourné le dos à son milieu pour lui. Et avec quelle grandeur elle s'est consacrée à lui ! Pourtant, Friedrich, j'étais enracinée dans sa vie !

Friedrich : Et ?

Maria : Mais tu es arrivé ! Enceinte, bien sûr, elle est devenue la plus forte. C'est par toi qu'elle m'a vaincue.

Friedrich : Et vous ne m'en voulez pas ?

Maria : T'en vouloir ? Ne t'a-t-on jamais raconté qui t'avait porté sur les fonds baptismaux ? Ne t'es-tu jamais demandé pourquoi tu t'appelles Friedrich Marius ? Tu es aussi mon enfant, d'une certaine façon. Mes mains t'ont nourri, t'ont bercé…

FRIEDRICH : Mais vous venez de me dire que mon père vous avait quittée à cause de moi.

MARIA : Entre nous trois, c'était plus curieux, plus compliqué que cela n'est habituellement entre les gens. Lorsque ton père m'a quittée pour Leonor, il ne voulait pas m'abandonner complètement. Elle non plus, d'ailleurs, ne le voulait pas. Nous avons essayé de créer quelque chose qui dépasse la pensée commune. Nous pensions qu'une relation… à trois… était possible. En nous, il y avait de la jeunesse et de l'amour et nous étions sûrs qu'une amitié pouvait naître de cet amour, là où il y avait plus, bien plus… Nous avons vécu ensemble, tous les trois, un an dans votre maison, après…

FRIEDRICH : Ma naissance. Et cela n'a pas marché ?

MARIA : Non. Nous n'avons pas été assez solides.

FRIEDRICH : Je comprends tout maintenant. Les choses s'éclairent. Je sens sa passion dans son poème à la femme quittée. Le désespoir qu'il contient… le remords. N'était-ce pas terrible pour lui de sentir votre souffrance et d'en être à l'origine, lui qui avait un sens aigu de la justice ?

MARIA : Finalement, on sait ce qui est juste lorsqu'on a conscience d'avoir mal agi avec quelqu'un.

FRIEDRICH : Mais il faut au moins le reconnaître ! Alors que mon père s'est camouflé derrière sa poésie. Quand il était en public, c'était un masque. Un beau masque, mais de pierre. Ce n'était pas un visage humain qu'il présentait à tous et c'est la raison pour laquelle je ne pouvais pas l'aimer.

MARIA : Un artiste comme ton père ne vivait pas tout à fait parmi les humains. Il devait être au-delà. Nous en avons peut-être tous souffert, mais son œuvre en valait la peine, non ?

FRIEDRICH : Moi, je demande justice, vous entendez ? Qui peut comprendre mieux que moi que l'on peut être minable, pitoyable, alors qu'on recherche le bien ?

MARIA : Friedrich, mon enfant, tu veux déjà te faire juge…

FRIEDRICH : Mon père a commis une faute et ne l'a pas payée. C'est mon héritage. Je veux être le premier à m'élever contre lui !

MARIA : Tu n'es pas juste, tu es seulement passionné. Tu sais, je vois, je sens en toi une forme de haine à l'égard de ton père.

FRIEDRICH : De la haine ?

MARIA : Non, pas de la haine, mais un amour blessé… Pourquoi le charger de toute la faute de m'avoir quittée ? Je ne veux pas de cette nouvelle légende ! Il peut y avoir plusieurs coupables pour une même faute.

FRIEDRICH : Vous ne pouvez pas être coupable.

MARIA : Pas envers lui, Friedrich, mais envers moi, envers la vie.

FRIEDRICH : Que voulez-vous dire ?

Maria : Friedrich, je n'ai pas de honte devant toi. Je peux te parler car nous nous voyons sans doute pour la dernière fois. Je dois te l'avouer, moi aussi, j'ai été infidèle à la femme que je suis. J'aurais dû… j'aurais pu être mère… grâce à lui. Bien avant que ta mère n'entre dans nos vies, nous aurions dû avoir un enfant. Et moi, j'ai… j'ai, tu me comprends. C'est ma faute. Une faute de femme amoureuse. N'avoir pas voulu devenir mère. Une faute que la vie ne m'a pas pardonnée.

Friedrich : C'est vous qui venez de dire qu'il peut y avoir plusieurs coupables. C'est par amour que vous avez endossé cette responsabilité.

Maria : Non, je n'ai pas été aussi courageuse que ta mère, qui a affronté la colère et le mépris de son milieu pour mettre au monde l'enfant de Karl. Moi, j'étais pauvre et j'ai eu peur.

Friedrich : Je suis sûr qu'il l'a exigé.

Maria : Il n'a rien exigé.

Friedrich : Mais il le voulait ! Vous l'avez senti, n'est-ce pas ?

Maria : Tu es sévère ! Pourquoi veux-tu que ton père ait été si mauvais ?

Friedrich : Mais est-ce que cela l'a vraiment tourmenté ?

Maria : Bien sûr. Il était las des soucis. Tu ne peux pas le comprendre, toi qui as grandi dans le confort. Il aimait sa liberté par-dessus tout, et les gens ne lui importaient que dans la mesure où ils vivaient pour lui. Et vivre pour lui a été mon bonheur, ma vie.

Friedrich : Il avait quand même besoin des gens, non ?

Maria : Il les utilisait au profit de son œuvre.

Friedrich : Toujours son œuvre !

Maria : Cela t'est bien trop étranger, Friedrich. Tu ne peux pas admettre combien tout était mystérieusement lié à son travail. Pour son œuvre, il se serait fait brûler vif, mais en même temps, il évitait la moindre petite contrariété ! Les désagréments de la vie.

Friedrich : Vraiment ?

Maria : Crois-moi ! Il aurait donné sa vie pour moi mais n'osait pas traverser la rue à mon bras parce que je n'étais qu'une petite couturière… Il m'a cachée dans sa vie et dans son œuvre, mais qui m'a aimée comme lui ? Toi, tu crois encore qu'il y a un monde entre le bien et le mal, entre le courage et la lâcheté, entre la vérité et le mensonge… Alors que c'est juste une fissure, un interstice que l'on distingue à peine dans la nuit. Non, tu ne peux pas comprendre notre vie, cela t'est trop étranger !

Friedrich : Étranger ? À moi ?

Maria : Qu'est-ce que tu as ?

Friedrich : Je me reconnais, au contraire ! Et j'en ai honte ! Pas dans sa grandeur littéraire, mais là ou il était petit, lâche et dissimulé… sa petite vie…

MARIA : Qu'est-ce qui t'arrive ? Friedrich !

FRIEDRICH : Je suis bien son fils, je le sens, le fils de ce petit homme. Je suis semblable à lui dans la honte, moi qui essayais de ressembler à l'artiste. Mais peut-être est-il encore temps.

MARIA : Calme-toi... Viens là.

FRIEDRICH : Tout devient clair, je comprends mieux, en tant que fils, en tant qu'homme, coupable et innocent moi aussi.

MARIA : Que veux-tu dire ? Explique-toi.

FRIEDRICH : Moi aussi, j'ai cette peur dans le sang... cette vilaine peur du regard des autres. Il y a une femme dans cette ville qui compte pour moi en secret, comme vous comptiez pour mon père. Et au lieu de la présenter à ma mère et d'être à ses côtés comme elle l'a été aux miens aux heures les plus difficiles, au lieu de cela, je la cache comme je cache qu'elle porte mon enfant.

MARIA : Je comprends mieux, Friedrich.

FRIEDRICH : Je ne le sais que depuis quelques jours et j'ai pris peur.

MARIA : Au lieu d'être fier...

FRIEDRICH : Et heureux. Je n'ai eu qu'un vœu. Pour moi, elle accepterait, je le sais. Elle serait prête... Maintenant je comprends, je sais que je l'ai souhaité avec toute la force négative de cette lamentable peur ! Je n'ai pensé qu'à moi, jamais à elle, pas une seule seconde, alors que j'écris comme mon père des vers pleins de bonté et d'espoir. Maria, je... te... suis reconnaissant.

MARIA : Il y a tant d'années que je n'ai pas entendu ces mots ! Vous êtes pareils, ton père et toi. Tu ne l'aimes pas. Et tu ne t'aimes pas.

FRIEDRICH : Je veux l'aimer, et je sens que je vais y parvenir pour la première fois. Grâce à toi.

MARIA : Écoute-moi, Friedrich, je ne sais pas encore quel poète tu seras, mais cela sera impossible d'égaler ton père. Il est le plus grand poète de sa génération. Ton héritage est lourd, trop lourd, mais tu peux être meilleur que lui... dans ta vie. Tu peux être meilleur envers cette femme qu'il ne l'a été envers moi. Sois courageux ! Moi, je n'ai pas eu assez de courage. Tout est laid dans la peur. Sois humain... Aucun poème ne pèse autant qu'un être humain. Ne la laisse pas seule, maintenant. Un mauvais esprit hante les femmes dans son état.

FRIEDRICH : Maria, je n'ai plus peur. Je ne veux pas vivre plus longtemps dans sa maison... ni dans sa légende. Je dois m'en arracher. Il faut que je la rejoigne, que je devienne moi-même. Vous allez m'y aider, n'est-ce pas ?

MARIA : Ce n'est pas à moi de le faire. Vas-y, Friedrich ! Tu n'as pas besoin de moi pour te libérer. Rends cette femme et son enfant heureux, et je serai contente !

FRIEDRICH : Je n'ai encore jamais rendu personne heureux… Qui sait si j'en suis capable ? Être responsable du destin d'un être, c'est effrayant. Je me sens lié à lui… maintenant.

Il touche le manuscrit.

MARIA : Je peux passer la voir ? Avant de repartir.
FRIEDRICH : Oui, avec plaisir. Et sur le chemin, tu me parleras de mon père.
MARIA : Encore !

Maria va saisir son manteau.

FRIEDRICH : J'ai l'impression de revivre.
MARIA : La légende qu'on t'a apprise commence à s'estomper.

Acte III

À nouveau dans la demeure de Karl Franck.

Scène 1
Clarissa, Leonor

Clarissa : Je viens de faire transporter mes bagages à la gare. Il ne faut pas que je rate ce train.

Leonor : Et quand bien même tu le raterais ! Il y en a un autre dans deux heures ! Je n'arrive pas à comprendre cette urgence. C'est presque vexant. Pour une fois que tu es à la maison… tu repars aussitôt comme une voleuse !

Clarissa : Mais, maman, vous savez bien que mon mari m'attend. Et les enfants ! Lothar toussait lorsque je suis partie, je suis très inquiète. Si cela n'avait pas été pour Friedrich, je ne serais pas venue. D'ailleurs, où est-il Friedrich ? J'aimerais bien lui dire au revoir.

Leonor : Il faut croire que c'est un désir qui n'est pas partagé. Friedrich ne semble pas s'intéresser davantage à ton départ qu'à ta venue. D'ailleurs, tout dans cette maison lui est devenu indifférent. Vous vous ressemblez beaucoup tous les deux, vous n'avez de temps que pour vous-mêmes. Je n'ai même pas pu te parler tranquillement pendant ces deux jours.

Clarissa : Mais maman, ce n'est pas ma faute. Ce n'est pas moi qui ai attiré tous ces gens, tous ces journalistes, ces photographes… Et vous étiez très accaparée.

Leonor : C'est vrai, je me suis montrée désagréable avec toi, hier soir, c'est vrai, mais tu sais bien que je ne le pensais pas. Il m'arrive tant de choses en même temps, j'oublie, je m'emporte.

Clarissa : Cette maison, vous le sentez vous-même, appartient maintenant plus à d'autres qu'à nous. C'est un musée ! Et vous savez bien que l'on ne peut pas parler tranquillement dans un musée. Venez plutôt nous voir pendant les vacances, cela fera plaisir aux enfants.

Leonor : Et cette maison, qui s'en occupera ? La série de conférences sur Karl est annoncée pour juin, les annales ne sont pas encore imprimées. Qui va le faire ? Qui s'occupe de tout ici ? Moi ! Toujours moi ! Tu crois que Friedrich m'aiderait un tant soit peu, qu'il recevrait par exemple les gens à ma place ? Jamais ! Bien au contraire ! C'est toujours à moi de faire oublier ses manières désagréables.

Clarissa : Est-ce que vous n'exagérez pas un peu ?

Leonor : Il tourne en rond dans la maison, comme un fauve, il n'a pas la moindre gentillesse pour les visiteurs. Ni pour moi d'ailleurs. L'œuvre de son père lui est aussi indifférente que nous tous !

Clarissa : Voyons, maman, comment pouvez-vous dire cela ? C'est un créateur ! Et comme tous les artistes, il est tourné vers lui-même, centré sur sa vie intérieure. Il a suffisamment à faire, à chercher au plus profond de son âme, rechercher ses émotions... Et vous faites erreur en voulant faire de lui quelque chose qu'il ne veut pas être ! Encore aujourd'hui, vous l'obligez à marcher dans les pas de notre père. À ce régime, l'homme le plus solide serait brisé.

Leonor : C'est incroyable, comme tu ne le connais plus. Tu ne t'es pas rendu compte à quel point il a changé ces deux dernières années.

Clarissa : Moi, j'arrive à le comprendre, à lui parler, parce qu'il sait que je ne cherche pas à le transformer. Mais Bürstein et vous, vous avez toujours voulu le modeler et vous n'avez même pas senti qu'il vous échappait.

Leonor : Mais il ne s'agit pas de le modeler ! Il est si égoïste !

Clarissa : Friedrich veut vivre sa vie, maman. Pas votre passé. Mais c'est toujours la même chose. D'abord les enfants ne veulent pas quitter leurs parents, et ensuite, ce sont les parents qui font de même. Vous auriez dû entendre les cris de Lothar quand il a appris que j'allais partir. Oh ! mon Dieu, il est déjà très tard, je dois y aller. Je n'ai plus le temps.

Leonor : Oui, vous n'avez pas le temps... Vous n'avez jamais le temps, tous autant que vous êtes. On est toujours le mieux placé pour savoir quand on commence à être une gêne pour les autres.

Clarissa : Voyons, maman, ne dites pas cela ! Il faut absolument que je m'en aille. Savez-vous où est Friedrich ?

Leonor : Je viens d'apprendre qu'il est parti hier à midi et qu'il n'est pas revenu depuis. Il ne lui est même pas venu à l'esprit de prendre congé de sa sœur.

Clarissa : Ne l'accusez pas. Moi, je lui pardonne volontiers. Dites-lui seulement qu'il vienne bientôt nous voir et embrassez-le de ma part. Bon ! Ne m'accompagnez pas, je vous en prie. Il fait si froid dehors.

Leonor : Jusqu'à la porte, alors.

Clarissa : À bientôt !

Scène 2

Leonor, Bürstein

Leonor : Vous voilà, Bürstein ! Enfin ! Vous étiez introuvable depuis hier, totalement invisible. J'étais seule à table avec Grovik et quant à mon fils, il n'a pas même daigné venir déjeuner. C'était extrêmement gênant, je ne savais plus quoi dire. Mais c'est comme cela… Chacun s'en va quand il lui plaît de s'en aller, et quand on a besoin de quelqu'un, il n'y a plus personne. Pour couronner le tout, le vieux Johann m'a annoncé ce matin qu'il me donnait son congé après trente ans au service de cette maison.

Bürstein : Déjà trente ans ! C'est étrange, sur les autres cela ne se voit jamais, c'est seulement sur soi qu'on voit que le temps passe.

Leonor : Ah vous trouvez ?

Bürstein : C'est vraiment dommage qu'il parte ! C'est comme si un pan de mur de la maison s'écroulait.

Leonor : Je ne peux même pas lui en vouloir. Il n'est plus bon à grand-chose mais il ne veut pas que je l'entretienne par charité. Cet homme simple et discret m'a dit : « On est toujours soi-même le mieux placé pour savoir quand on commence à être une gêne pour les autres. » Cela m'a fait réfléchir.

Bürstein : Oh ! ne dites pas cela.

Leonor : Je le comprends… quand tout autour de vous devient étranger, la maison est de plus en plus vide, de plus en plus froide. Savez-vous ce que m'a dit Clarissa avant de partir ?

Bürstein : Non.

Leonor : Que cette maison se transformait en musée, que les pièces étaient remplies de choses inertes.

Bürstein : Peut-être…

Leonor : Et peut-être que nous aussi, nous sommes devenus des pièces de musée, d'une certaine façon, et que nous ne le savons pas encore. Mais parlons d'autre chose ! Il y a des sujets plus importants que nous-mêmes, croyez-moi ! Friedrich n'est pas rentré à la maison, je ne l'ai pas revu depuis avant-hier. Savez-vous où il est ?

Bürstein : Non, je ne sais pas.

Leonor : Je ne sais plus du tout ce qu'il se passe en lui, mais je sens que sa petite révolte contre moi devient de plus en plus violente. Lui avez-vous parlé, depuis la soirée ?

Bürstein : Oui… hier.

Leonor : Hier ? Il n'était pas à la maison.

Bürstein : Je ne lui ai pas parlé ici.

Leonor : Où l'avez-vous rencontré ?

Bürstein : Chez… madame Folkenhof.

Leonor : Vous êtes allé chez Maria Folkenhof ? Avec lui ? Qu'est-ce que cela signifie ? Vous allez ensemble chez cette personne… sans m'en informer ?

Bürstein : Nous n'y sommes pas allés ensemble, mais chacun de son côté. Nous étions tous les deux étonnés de nous rencontrer chez elle.

Leonor : Étonnés ? Je veux bien le croire. Je suis moi aussi très « étonnée », en effet ! Mon fils chez cette femme… Et vous… J'ai tout de même le droit de vous demander ce qui vous a conduits chez elle ?

Bürstein : J'y suis allé… dans notre intérêt. Vous savez bien de quoi je parle.

Leonor : Oui, vous parlez des lettres ?

Bürstein : Oui, les lettres.

Leonor : Elles ont été détruites.

Bürstein : Il faut croire que non, je les ai vues de mes propres yeux. Des centaines de lettres.

Leonor : Votre devoir était de les réclamer, de les protéger, de les classer. Et elle ne vous les a pas données bien sûr ?

Bürstein : Non ! Je la comprends d'ailleurs. Nous n'avons rien fait pour gagner sa confiance.

Leonor : Oh, après tout, nous nous en sommes bien passés jusqu'à présent. Qu'elle en fasse ce qu'elle veut… Karl a toujours écrit des lettres très brèves. Cela ne doit pas être si important…

Bürstein : Désolé, je ne partage malheureusement pas votre espoir. Je crois au contraire que ces lettres sont d'une grande importance. Je crois même… que nous devons redouter leur publication. Et ce n'est pas tout. Elle a également les poèmes de jeunesse que nous avons cru disparus. Et surtout le manuscrit de *Héro et Léandre*…

Leonor : Le manuscrit de *Héro et Léandre* ! Ce n'est pas possible. Karl a toujours dit qu'il l'avait brûlé.

Bürstein : Je l'ai eu entre les mains.

Leonor : Mais il disait… Il m'a juré…

Bürstein : Pardonnez-moi, Leonor. C'est difficile à dire, mais il me semble que Karl n'a pas été tout à fait sincère avec vous… sur ce point en tout cas.

Leonor : Je ne peux pas le croire !

Bürstein : Et ses relations épistolaires avec madame Folkenhof semblent dater de plus longtemps que nous le pensions.

Leonor : Ah !

Bürstein : C'est pourquoi je pense que la publication à venir apportera quelques surprises… pas seulement pour le monde mais pour nous aussi. Je ne soupçonnais rien de tout cela. Bien sûr, il y a déjà cette dédicace dans le manuscrit, que nous avons remplacée dans notre exemplaire corrigé, mais je crois qu'il y a encore beaucoup, beaucoup de choses dans les lettres qui seront gênantes pour nous.

Leonor : Que devons-nous faire, Bürstein, dites-moi, que devons-nous faire ? Tout s'effondre autour de moi. Aidez-moi, je suis fatiguée, je ne sais plus où j'en suis.

Bürstein : Leonor, j'ai réfléchi. Mais venez d'abord vous asseoir, calmons-nous, mettons nos nerfs de côté.

Leonor : Dites-moi ce que nous devons faire !

Bürstein : Notre situation est défavorable, je ne vous le cacherai pas. Vous avez essayé de faire quelque chose de surhumain. Ce grand homme que nous aimions tous deux sans limite, parce que nous le connaissions bien, vous avez voulu l'offrir au monde, non pas tel qu'il était mais tel que vous l'avez vu à travers votre amour, tel que vous vouliez que les gens le voient… que ses contemporains le voient.

Leonor : Je n'ai jamais menti !

Bürstein : Disons que nous avons idéalisé certaines choses… Le monde qualifiera cela bien plus durement, j'en suis sûr. Mais je sais que c'est par amour pour lui que vous avez fait tout cela.

Leonor : Et pour son fils. Je voulais qu'il puisse voir son père comme un modèle irréprochable.

Bürstein : Vous avez créé la légende d'une vie… Il faut que nous en parlions librement aujourd'hui. Aujourd'hui, la vie est justement plus forte que la légende. Depuis vingt ans, j'admire votre engagement, votre force inébranlable. Mais elle ne s'est jamais trouvée devant un plus grand devoir. Votre force n'a jamais été aussi nécessaire qu'à cet instant.

Leonor : Je ne comprends pas bien.

Bürstein : Cédez.

Leonor : Quoi ?

Bürstein : Cédez. Nous sommes coupables. Nous avons déformé les faits, nous avons menti.

Leonor : Je vous dis, moi, que je n'ai pas menti !

Bürstein : Alors, disons que j'ai menti sous votre empire ! N'attendez pas que les gens fassent des distinctions aussi subtiles. Nous sommes impliqués tous les deux.

Leonor se tait.

Bürstein : Quand les morts ressuscitent, c'est que le Jugement dernier est proche. Et Maria Folkenhof est ressuscitée.

Leonor : Bon, vous voyez que je vous écoute calmement. Que devrions-nous faire, d'après vous ?

Bürstein : Vous devez aller la voir.

Leonor : Moi ?

Bürstein : Oui bien sûr, vous ! Et vous devez faire la paix ! Ne laissez pas votre orgueil détruire la légende. Détruisons-la plutôt nous-mêmes, en rendant justice à qui de droit. Si nous devançons le coup, notre comportement sera encore passablement excusable.

Leonor : Mais que pourrions-nous dire ?

Bürstein : Nous pouvons dire que pour des raisons de discrétion et par égard pour des personnes vivantes, nous n'étions pas autorisés jusqu'à présent à restituer de façon parfaitement authentique la vie de Karl Franck.

Leonor : Et que maintenant que l'autorisation nous a été accordée…

Bürstein : Nous sommes en mesure de faire apparaître quelques nouveaux éléments au grand jour… Vous voyez ce que je veux dire.

Leonor : Mais dans ce cas, il nous faudrait tout reprendre ! Depuis le début.

Bürstein : Sans honte… sans jalousie.

Leonor : Vous êtes brutal, Bürstein.

Bürstein : Oui, et je le dis sans nous ménager. En toute vérité. Je peux même vous assurer que le jour où j'enverrai ma biographie au pilon et où je commencerai la nouvelle sera pour moi un jour heureux.

Leonor : Nous n'en sommes pas encore là. Vous ne croyez tout de même pas qu'elle consentira à nous donner les lettres. Je la connais. Elle ne nous en cèdera jamais une seule ligne. Jamais.

Bürstein : Peut-être. Mais vous avez le devoir d'essayer. Et, surtout, le devoir de présenter des excuses.

Leonor : Des excuses !

Bürstein : La rencontre d'hier m'a beaucoup ébranlé. Pendant la nuit, j'ai regardé mes notes, et j'ai pris conscience de ce que nous avions fait, j'ai mesuré la souffrance que cette femme a dû endurer à cause de nous. Une douleur immense…

Leonor : Je vous en prie !

Bürstein : Oui, je ne vois pas d'autre mot. C'est pour cela que vous devez la rencontrer et faire la paix. Vous avez toujours été audacieuse face aux grandes décisions. Cette fois-ci, faites-le encore. Et s'il vous plaît, abandonnez votre fierté.

Leonor : Ce n'est pas une question de fierté. C'est par amour pour Karl que je ne peux pas faire cela. J'ai construit sa vie telle qu'il aurait souhaité la vivre. Ne me dites pas maintenant que vous ne me comprenez pas ! J'ai vécu moi-même pour que son pays… sa nation… le voie tel qu'il était au plus profond de lui-même, malgré tout, malgré lui.

Bürstein : Vous vouliez que son identité profonde vive dans son œuvre, je le sais.

Leonor : … et dans une sublime légende, comme vous dites. Et que les aspects les plus petits de sa personne meurent avec nous. Je voulais que le nom de Karl Franck évoque une grande et rare pureté, y compris dans sa façon de vivre. Et c'est cette image que je m'efforcerai de sauvegarder. Je ne lâcherai rien.

Bürstein : Quelle arrogance !

Leonor : Non, ils ne doivent pas savoir le reste, parce qu'ils ne pourraient pas comprendre. Doivent-ils apprendre qu'il jouait au casino ? Doivent-ils garder de lui l'image d'un rapace cupide obsédé par l'argent ? D'un homme anxieux et sans courage ?… Au point de se laisser entretenir dix ans par cette couturière !

Bürstein : Et voilà votre haine qui refait surface ! Elle est donc éternelle ? Karl a toujours vécu de l'argent d'autrui ! Vous croyez vraiment que la fortune de la banque de votre père était plus pure que les économies de cette femme ? Qui sait mieux que vous que Karl aurait vendu son âme plutôt que son travail, que toutes les personnes, même les plus proches, devaient servir son œuvre et se sacrifier pour lui !

Leonor : Je me bats pour sauver mon mari !

Bürstein : Non, Leonor, c'est pour vous que vous vous battez, à cause de votre jalousie, pour que l'on n'apprenne pas que Karl a vécu entre vous et Maria !

Leonor : C'est faux !

Bürstein : Je vous dis que vous allez perdre ce combat. Il vaut mieux que l'on apprenne tout cela par vous que contre vous. C'est pour cela que vous devez céder ! Faire la paix !

Leonor : Et si elle ne me donne pas les lettres ?

Bürstein : Eh bien suppliez-la ! Laissez-lui cette fierté ! Vous en avez eu assez, des triomphes, de l'amour, de la gloire ! Renoncez maintenant. Sinon tout est perdu.

Leonor : Certainement pas ! Je ne livrerai pas si facilement l'œuvre de ma vie. Personne n'a le droit de publier des lettres inédites de Karl sans mon autorisation ! J'en ai le droit, j'ai les droits d'auteur. Je les ferai saisir. J'en ai le droit.

Bürstein : Pendant dix ans, vingt ans peut-être… Et ensuite, qui défendra votre nom, votre honneur sali ?

Leonor : Ne vous préoccupez pas de mon honneur.

Bürstein : Eh bien moi, je vous dis qu'il y a un autre témoin, en plus de ces lettres. Vous vouliez que nous soyons sincères, Leonor ? Je le suis ! Même si un incendie détruisait ces lettres, vous n'auriez pas seulement

Maria Folkenhof contre vous, vous m'auriez, moi aussi. À présent, je ne vous suis plus ! Ce matin, avant de venir ici, j'ai déjà donné l'ordre de retirer les exemplaires de la biographie en circulation.

Leonor : Mais qu'est-ce que vous avez fait !

Bürstein : Je vous ai aidée à construire cette légende. Eh bien aujourd'hui, je veux la détruire. Il faut en finir maintenant.

Leonor : Donc vous aussi, Bürstein, vous êtes contre moi !

Bürstein : Je n'ai plus envie d'écrire comme un voleur qui a toujours peur de se faire surprendre. Est-ce que vous ne sentez pas, Leonor, que depuis sa mort, cette maison est contaminée par la peur et le mystère ? Le mensonge et les mauvais souvenirs sentent le moisi.

Leonor : Le moisi !

Bürstein : Oui, le moisi ! Et ce sera une volupté de pouvoir enfin ouvrir grand les fenêtres ! Et ce jeu de cache-cache avec votre fils ! Et la peur des témoignages... Est-ce que vous vous souvenez comme nous avons été soulagés de pouvoir acheter à grand frais la correspondance avec Baptiste Schröder la veille de la vente aux enchères, à Berlin !

Leonor : Vous n'avez donc plus aucune conscience de votre devoir ! Que voulez-vous, à la fin ?

Bürstein : Ce que je veux, Leonor, c'est ne plus trembler, faire mon travail en homme libre et honnête, sans faire de mal à personne. Et pouvoir sans peur croiser son regard.

Friedrich entre.

Scène 3
Bürstein, Friedrich, Leonor

Bürstein : Bonjour Friedrich.

Friedrich : Mère, qu'avez-vous ?

Leonor : Ton père... j'ose espérer que tu as encore quelque considération pour l'homme qu'il était... ou alors tu ne respectes plus personne... ton père, lorsqu'il s'absentait pour un repas ou à plus forte raison pour la nuit, avait la politesse de m'en informer.

Friedrich : Mais Bürstein, je vous avais demandé de prévenir ma mère que je ne rentrerais pas à la maison.

Bürstein : Je ne suis pas rentré moi non plus... Je suis désolé ! J'étais trop préoccupé.

Leonor : Vous êtes étonnamment préoccupés, tous les deux, et préoccupés uniquement de vous... Il n'y a pas si longtemps, j'avais le droit de savoir où tu allais.

FRIEDRICH : Je ne vois aucune raison d'en faire un secret. J'ai rendu visite à… ma marraine.

LEONOR : Ta marraine !

FRIEDRICH : … Et je m'en suis fait un devoir puisqu'elle était venue exprès pour écouter mes textes, et qu'elle n'avait pas été accueillie dans cette maison de manière convenable.

LEONOR : C'est bien la première fois que tu t'intéresses à l'accueil dans cette maison !

FRIEDRICH : Oui, c'est vrai. Hier soir, j'ai voulu honorer la mémoire de mon père. Vous m'avez toujours dit que rien ne le dérangeait davantage que de savoir une personne inutilement offensée. Eh bien, c'était le cas. D'ailleurs, nous ferions mieux de régler cette histoire sans faire d'éclat. C'est ce que je compte faire. D'autant plus que j'ai quelques informations à vous transmettre.

LEONOR : De la part de Maria, bien sûr.

FRIEDRICH : Absolument pas. Je ne me souviens pas qu'elle m'ait chargé d'un quelconque message pour vous. Ces informations ne concernent que moi.

LEONOR : J'ai du mal à le croire.

FRIEDRICH : C'est pourtant vrai, j'estime beaucoup cette femme et sa présence a contribué à m'éclairer sur certaines choses que je ressentais confusément. Pour la première fois, j'ai un regard plus objectif sur les choses qui m'entourent, et surtout sur mon père. Cette femme extraordinaire…

LEONOR : Tu peux abréger ton introduction. De quoi s'agit-il ?

FRIEDRICH : J'aimerais que mes paroles ne rencontrent pas d'emblée votre résistance. Je voudrais pouvoir vous parler librement.

LEONOR : Mais je crois, Friedrich, que c'est ce que nous faisons.

FRIEDRICH : Je l'ai souvent senti et maintenant je le sais, vous m'avez caché beaucoup de choses. Mais moi aussi, je vous en ai cachées. Disons que chacun avait ses petits secrets… Je crois qu'il nous faut essayer d'y mettre fin.

LEONOR : Donc…

FRIEDRICH : Pour faire court, comme vous le souhaitez… je pense bientôt me marier.

LEONOR : Tu plaisantes ?

FRIEDRICH : Je n'ai jamais été aussi sérieux qu'aujourd'hui et je vous demande de considérer que ma décision est irrévocable.

LEONOR : Tu veux te marier ? Je constate que depuis quelque temps tu t'éloignes de moi et que tu prends tes décisions sans m'en avertir. Mais pour l'instant, ton indépendance ne s'exprime, hélas, que dans des paroles… Est-ce que je peux au moins savoir, avec ta permission bien sûr, qui tu comptes épouser si impérativement ?

FRIEDRICH : Olga Kestner.

LEONOR : La fille de cet ivrogne de professeur de piano ?

FRIEDRICH : Personne n'est responsable de son père… en bien ou en mal…

LEONOR : Bürstein, vous entendez ? Quelle maison de fous ! Le fils de Karl Franck avec… Mais c'est une maison de fous ! Et ce ton péremptoire : je veux, je vais, j'ai l'intention… Et à moi, on ne demande rien ! On m'informe, comme cela, en passant, juste pour la forme. Et naturellement, il faut que ce soit tout de suite !

FRIEDRICH : Dès que possible. Je n'ai pas l'intention d'attendre.

LEONOR : Je n'ai pas l'intention d'attendre ! Je regrette ! Cette précipitation… et ce ton… ne me conviennent pas. Je ne peux pas me faire à ce choix et à cette belle assurance puérile. Et d'ailleurs, je m'y oppose ! Parce que je ne pense pas qu'à moi, parce que je pense aussi aux devoirs que nous imposent notre nom et notre position dans ce pays !

FRIEDRICH : C'est justement mon devoir de prendre cette décision.

LEONOR : Tu as des devoirs envers ton père, ton nom, nous, mais certainement pas envers cette fille !

FRIEDRICH : Je vais donc être plus clair. J'ai des obligations envers cette jeune femme, des obligations morales. Et ce sont les seules qui poussent un homme à donner son nom à une femme. C'est mon honneur qui est en jeu.

LEONOR : Tu oses faire cela ? Tu veux la faire entrer dans la maison ?

FRIEDRICH : Avant-hier, ou encore hier, je n'aurais peut-être pas osé le faire. Mais je n'hésite plus, depuis que je sais que mon père a honoré ses mêmes obligations, alors qu'il était engagé ailleurs.

LEONOR : Que veux-tu dire ?

FRIEDRICH : Est-il vraiment nécessaire d'entrer dans tous ces détails ? Vous le savez très bien. Et maintenant, je le sais aussi. Je crois que nous nous comprenons.

LEONOR : Je ne crois pas, non ! Nous ne nous comprenons pas. Il y a des choses que je ne comprendrai jamais parce que je ne veux pas les comprendre. Et des comparaisons que je ne tolère pas ici. Ton père a marqué cette maison de son empreinte, et je veillerai à ce que personne ne vienne la souiller.

FRIEDRICH : Je n'ai pas la même interprétation.

LEONOR : Ne me coupe pas la parole. Je n'ai rien d'autre que cet héritage, et je le défendrai. Contre le monde entier, s'il le faut ! J'ai déjà chassé cette femme hier soir… Eh bien, je chasserai toute autre femme qui n'est pas digne de lui !

FRIEDRICH : Ce qui veut dire ?

LEONOR : Que la fille de cet ivrogne ne gérera jamais l'héritage de Karl Franck et ne portera jamais son nom tant que je serai en vie. Ce qui veut dire aussi que je ne partagerai pas cet héritage. Je préfère le léguer à l'État, au peuple, à la nation, car cette maison n'est pas seulement une construction de bois et de pierre, c'est aussi le mausolée d'une foi, le symbole d'une force morale !

BÜRSTEIN : Mais Leonor…

LEONOR : Je regrette mais je n'ai pas l'intention de vous écouter. Vous vous êtes engagé contre moi, je sais maintenant que je suis seule. Seule contre tous ! Si vous n'êtes pas avec moi, vous êtes contre moi.

BÜRSTEIN : Mais ce n'est peut-être pas si simple…

LEONOR : Taisez-vous ! Ici, il n'y a qu'un dedans et un dehors, on est fidèle ou infidèle. Je ne retiens personne, seuls ceux qui défendent l'œuvre de Karl restent avec moi.

FRIEDRICH : Ce qui veut dire que vous me fermez la porte de la maison ?

LEONOR : Tu devras prendre ta décision. C'est elle ou moi !

FRIEDRICH : Je vous ai dit que ma décision était irrévocable. Que vous me fermiez la porte de cette maison m'est presque agréable.

LEONOR : Bien.

FRIEDRICH : Essayons de parler calmement. Cette décision, il m'a été difficile de la prendre. Mais elle m'est facilitée par la contrainte que vous m'imposez. Ce que vous venez de me dire, je le ressens depuis longtemps : je n'ai pas ma place ici. Cette maison me pèse, je ne peux pas y travailler. L'air est trop… chargé… peut-être trop pur. Il ne peut y avoir qu'un seul homme qui vive ici, et c'est mon père.

LEONOR : C'est vrai. Et en quittant cette maison, tu comptes échapper à tes obligations ? Tu veux garder son nom, c'est cela, oui, ce nom célèbre, mais ni l'esprit qui l'anime, ni le devoir, ni le sacrifice qu'il impose.

FRIEDRICH : Maman !

LEONOR : Vous êtes tous lâches, insouciants, vous ne voulez pas porter la vie de Karl Franck sur vos épaules, sa puissante vie…

FRIEDRICH : Je ne vais pas complètement te contredire : ce nom m'oppresse, il est trop grand pour moi, trop grand pour ce que je peux produire. Mais c'est justement parce que j'aime ce nom que je veux m'en défaire.

BÜRSTEIN : Tu as peut-être raison, du moins pour le début.

FRIEDRICH : Je publierai d'abord sous un nom d'emprunt. Je veux commencer dans l'obscurité, dans l'inconnu, comme lui-même a débuté. Le jour ou je sentirai que c'est le moment, je pourrai me réclamer de lui… Et si ce moment n'arrive pas…

BÜRSTEIN : C'est bien, Friedrich, que tu sois parvenu seul à cette décision. Tu es maintenant sur la bonne voie, je le crois. Je n'ai jamais eu plus confiance en toi qu'aujourd'hui. *(Vers Leonor.)* Votre fils a raison, il ne faut pas qu'il sacrifie sa vie au passé.

Leonor : Je ne vous comprends pas. Vous ne pensez qu'à vous, votre petite vie, votre petite sécurité, vous redoutez les révélations, tout ce qui peut vous mettre en danger, vous refusez le sacrifice… Moi, je reste. Plus vous serez nombreux contre moi, plus je serai pour lui, jusqu'à mon dernier souffle !

Bürstein : *(qui se tourne vers la coulisse)* Madame Folkenhof…

Leonor : Ah, Maria… J'ai une dernière chose à lui dire.

Friedrich : Je vous demande seulement, mère…

Leonor : Et moi, je vous demande de considérer mes décisions comme aussi irrévocables que les vôtres !

Maria Folkenhof entre.

Scène 4
Maria, Friedrich, Bürstein, Leonor

Maria : Ah, Friedrich… C'est bien que tu sois là. Bonjour, monsieur Bürstein, je suis venue vous voir… et vous aussi Leonor.

Friedrich : Asseyez-vous, je vous en prie.

Maria : Merci. Mais je ne vais pas rester longtemps. J'ai quelque chose à dire à monsieur Bürstein… Mais je peux le dire devant vous tous. Je n'ai pas de secrets et le seul que j'avais ne m'appartient plus. Je sais, monsieur, que vous vous intéressez de très près aux manuscrits de Karl Franck qui sont encore en ma possession. Eh bien ils ne le sont plus. Je me sens obligée de vous dire que je m'en suis dessaisie.

Bürstein : Dessaisie ?

Maria : Votre visite a été très importante pour moi. Plus que vous ne le supposez.

Bürstein : Que voulez-vous dire ?

Maria : J'ai vécu longtemps avec ces écrits, en ne pensant qu'à moi-même. Tout cela m'était si intime que je n'avais pas conscience de la valeur de ces papiers pour les autres. Votre présence chez moi m'a rappelé qu'il était temps.

Bürstein : Vous avez pris des dispositions…

Maria : On tarde, on les repousse à plus tard…

Bürstein : Lesquelles ?

Maria : Je ne voulais pas détruire ces lettres. En faire don aux Archives nationales, vous m'en avez dissuadée. Je n'ai pas d'héritier… Je les ai confiées à une personne dont le destin et l'avenir me garantissent qu'elle en fera bon usage. C'est une jeune femme qui n'habite pas très loin d'ici, Olga Kestner.

Friedrich : Ma fiancée ?

Maria : Ah, je suis heureuse que tu la nommes ainsi ! Quand je lui ai rendu visite, elle m'a fait la meilleure impression. Je n'avais pas d'autre cadeau à offrir à la fiancée de mon filleul. Alors je lui ai légué ces papiers.

Friedrich : Merci, Maria, merci.

Maria : Je suis sûre qu'elle en prendra bien soin, comme l'aurait souhaité Karl. Je ne sais pas ce que ces souvenirs représentent pour les autres. Mais je sais ce qu'ils ont signifié pour moi. Elle et toi, Friedrich, faites-en ce qui vous semble juste.

Friedrich : Je vous remercie de votre confiance. Pour moi, cela a plus de sens que vous les ayez confiés à Olga plutôt qu'à moi. Je vous en suis très reconnaissant.

Bürstein : Vous ne pouviez pas les confier à une meilleure personne. Ces papiers sont à l'abri entre les mains de Friedrich, plus qu'entre les miennes.

Maria : Bien, tout est dit. C'étaient les derniers témoignages qui me rattachaient à ma jeunesse. J'ai tiré un trait final. Je me sens légère, merveilleusement légère ! Hier, j'ai regretté d'être venue… un instant. Le passé m'a submergée si cruellement. Mais c'était la dernière vague. Je suis contente d'être là. Et je suis contente de partir… soulagée.

Friedrich : Pourquoi tout de suite ? Restez ! J'aurais beaucoup de choses à vous raconter ! J'ai pensé toute la nuit à ce que j'aimerais encore vous demander. Il y a tellement de détails ! Avant de partir, je voudrais parcourir chaque pièce de cette maison avec vous… et que vous me racontiez leur histoire.

Maria : Tu t'en vas, Friedrich ? Vraiment ?

Leonor : Oui, il s'en va ! Ils partent tous ! Vous pouvez être satisfaite ! Vous avez atteint votre but. C'est bien pour cela que vous êtes revenue, non ?

Maria : Mais… Leonor, Leonor…

Leonor : Vous l'avez, votre vengeance ! Tout le monde m'abandonne… Cette maison se vide…

Maria : Leonor, pourquoi tant de rage ? J'aurais voulu partir d'ici en paix.

Leonor : Il faut peut-être que je vous remercie de m'avoir pris tout ce qui me restait ?

Maria : Je ne vous ai rien pris, Leonor. S'il y en a une qui a pris quelque chose à l'autre, vous le savez bien, ce n'est pas moi. Mais ne parlons plus de cela. Je suis revenue aujourd'hui parce que je voulais… d'ailleurs non, je dois être tout à fait sincère, j'aurais aussi bien pu écrire à Bürstein ! Mais voilà : j'aurais aimé voir la tombe qui est dans le jardin. Je n'ai jamais eu la possibilité de m'y recueillir. Oui, je voulais voir la tombe de Karl, et voir Friedrich, et te voir… Et j'espérais que nous pourrions nous quitter sereinement. Voilà, Leonor… J'espérais que nous pourrions nous parler.

Sur son geste, Friedrich et Bürstein se retirent. Elles restent seules, face à face.

MARIA : *(elle reprend)* Notre guerre n'a plus aucun sens. Alors je vais tendre la main la première. Je ne veux plus lutter. Celui qui nous a séparées n'est plus là. Tu n'as plus rien à craindre de moi, et moi rien de toi. Puisque nous n'avons plus rien à nous prendre… Mais nous avons encore à nous donner, il me semble.

LEONOR : Mon fils… Pourquoi me l'as-tu pris ?

MARIA : Ton fils, c'est une autre qui te le prend, pas moi. Cela devait arriver, tôt ou tard. Il faut le supporter, l'amour permet de tout supporter.

LEONOR : Mais cette donation, tu l'as faite par vengeance ! Par haine !

MARIA : Non, Leonor. Je n'ai plus de haine. Je t'assure. Mais si je t'ai fait du tort, aujourd'hui ou par le passé, consciemment ou non, je t'en demande pardon.

LEONOR : Ah non, certainement pas, le pardon certainement pas…

MARIA : Le temps qui me reste, je veux le vivre en pleine lumière. Ce qui nous a divisées pendant toutes ces années d'hostilité, je veux l'oublier. J'oublierai tout à l'instant où je sortirai de cette maison qui a été à la fois mon malheur et ton bonheur.

LEONOR : Mon bonheur ? Dans cette maison ?

MARIA : Leonor, tu l'avais, lui, et tu avais son enfant, tu avais tout…

LEONOR : Moi ? Quand est-ce que je l'ai eu, lui ? Quand m'a-t-il appartenu ? Partout dans cette maison, je marchais à pas feutrés, comme auprès d'un grand malade. Il n'y avait que le travail, le travail… Il était continuellement inquiet, impatient, il me parlait comme un somnambule. Non, il n'était jamais vraiment à moi. Il pensait toujours à ce qu'il avait perdu. Jamais à ce qu'il possédait. Il m'a fallu vivre avec cette peur chevillée au corps, cette impression d'être le gardien auprès d'un prisonnier toujours prêt à s'échapper. Je n'étais jamais en sécurité avec lui. Jamais je n'ai eu l'assurance de partager sa vie. Il ne savait rien des petites joies et des grandes peines de sa famille, rien des miennes non plus. Il ne faisait que creuser en lui, dans le tunnel de son travail. Moi, je restais là, inutile, à me consumer de tout mon corps, de tout mon amour… Et lui ne voyait rien, il n'était sensible qu'à lui-même.

MARIA : Mais tu as été heureuse, parfois ?

LEONOR : Heureuse ? Moi, heureuse ? Comment pouvait-on être heureuse à côté de cet homme, qui ne voyait ni sa femme, ni son enfant, ni sa maison, ni son chien, mais seulement son travail, son travail…

MARIA : Tu l'as été plus tard ? Quand tu as idéalisé Karl pour toi-même et pour tous ?

LEONOR : C'est précisément ce que tu m'enlèves aujourd'hui. Ce dernier bonheur, le pur souvenir… Tu ne me laisses pas cet homme tel que je l'aimais. Pourquoi voulez-vous tous le montrer tel qu'il était ? Dans son hideuse vérité… Qu'ai-je fait, moi, depuis sa mort, sinon le modeler tel que je le voyais du plus profond de mon âme. Tel que je le voulais. Tu peux me qualifier de faussaire. Cet homme est à moi, je l'ai créé, vous ne pouvez plus me le prendre. Je peux encore être heureuse avec lui dans le souvenir. Encore un peu. D'année en année, il m'est revenu plus vivant, il m'aimait enfin comme je l'aimais. Et tu es arrivée, et d'un coup, tu m'as rendue terriblement consciente… Je redoutais que cela arrive un jour. C'est pour cela que j'ai tant tremblé devant toi.

Maria : Tremblé ?

Leonor : Ton silence, tu ne sais pas à quel point il m'a torturée ! Il contenait tant de calme, tant de grandeur, tant de force… Et pendant ce temps, moi, je construisais tout, patiemment, désespérément… Tu n'imagines pas le poids de ton silence, tapi derrière la maison comme une ombre effrayante. Et Karl le savait aussi, je sentais combien il t'admirait parce que tu te taisais, combien il t'aimait pour ton silence. Et c'est pour cette raison que je t'ai haïe. De plus en plus… Plus tu te taisais, plus je te haïssais. Et plus je te défiais ! J'espérais que tu te défendrais, que tu entrerais dans la bataille… Et moi, j'avais l'impression de frapper une femme à terre ! Et pourtant, tu étais plus dangereuse, plus sûre de ton amour, plus libre dans tes sentiments… Oh, combien je t'ai haïe !

Maria : Plus maintenant, n'est-ce pas ? Plus jamais ?

Leonor : On en veut toujours aux gens auxquels on fait du tort. Mais, Maria, malgré ma haine, je t'ai admirée, moi aussi. Oui, pourquoi ne pas te le dire… je t'ai admirée pour ton sacrifice.

Maria : Et moi, pour ta droiture. Pour ton amour intransigeant, Leonor.

Leonor : Je suis devenue dure. Une femme si dure.

Maria : Et moi, je ne veux plus me sacrifier. On se fatigue, tu sais, d'être une victime.

Leonor : Ah tu vieillis, Maria ! Nous avons vécu différemment, mais nous avons vieilli toutes les deux. Nous sommes à égalité.

Maria : Toi, tu as un fils…

Leonor : Est-ce que je l'ai encore ? Il n'appartient qu'à lui-même dorénavant. C'est le fils de son père. D'ailleurs, il est déjà parti.

Maria : On aime davantage les gens qui nous quittent, tu verras !

Leonor : Ton regard sage sur les choses est surprenant. Tu les vois avec lucidité, avec distance. Tu n'étais pas comme cela avant !

Maria : J'étais jeune. Que sait la jeunesse ?

Leonor : J'ai vieilli moi aussi, et je ne sais toujours rien. Tu pourrais m'apprendre, tu es devenue si… limpide !

Maria : Je te remercie, Leonor, pour ce sourire. Ma dernière requête sera plus simple. Ne veux-tu pas m'accompagner dans le jardin, sur la tombe de Karl ? Ce serait doux que nous soyons ensemble tous les trois…

Leonor : Il faut que je te dise : ta venue m'a fait du bien, je suis heureuse que nous ayons pu parler. C'est étrange, les autres ont immédiatement perçu qu'il était à nouveau là quand tu es arrivée. Et je le sens moi aussi. Pour la première fois depuis des années. Il est revenu !

Maria : Il n'y a plus de secret.

Leonor : Oui, et plus personne à retenir ! Je te remercie d'avoir amené la paix dans cette maison. Tu ne m'en veux plus ?

Maria : Ne le sens-tu pas, Leonor ?

Leonor : Alors, écoute-moi. Tu n'es chez toi nulle part. Que vas-tu devenir loin d'ici ? Ici, les choses te connaissent. Elles te sont familières, elles te ressemblent… Et moi, je suis seule, nous sommes seules toutes les deux. Friedrich est parti, Bürstein aussi, il ne reste que le passé, et il t'appartient tout autant qu'à moi. Tu ne voudrais pas rester ici ? Quelques semaines… Aussi longtemps que tu voudras ! Nous pourrions parler toutes les deux. J'ai tellement besoin de pouvoir parler de lui à quelqu'un, sans faux-semblant et sans crainte, à l'abri de sa légende. Dis-moi, veux-tu essayer encore une fois ?

Maria : J'espérais qu'il nous réunirait encore une fois, comme il nous a éloignées.

Leonor : Nous nous promènerons dans le parc, Maria, et nous parlerons de lui. La légende que j'ai créée me l'avait rendu étranger. Ce sera bon de l'avoir près de nous, lui que j'avais perdu en le livrant aux autres.

Maria : Aux autres ? Que sauront-ils jamais de lui les autres ? Nous seules l'avons aimé.

Fin

Bernard Alane, Macha Méril, Gaël Giraudeau et Natalie Dessay

Stefan Zweig travaillant aux archives nationales durant la Première Guerre mondiale. © D. R.

Commentaires

Le chaînon manquant

par Brigitte Cain-Devinoy et Gérard Rudent

Brigitte Cain-Devinoy et Gérard Rudent sont traducteurs et éditeurs de Stefan Zweig pour Le Livre de Poche ; ils ont publié deux volumes « omnibus » dans La Pochothèque : *Romans, nouvelles, théâtre* (1991 et 1995), les éditions bilingue de *Amok* et de *Vingt-quatre heures de la vie d'une femme* ainsi qu'une nouvelle traduction du *Joueur d'échecs* (2013). Dans *La Légende d'une vie*, parue en 1919, ils mettent en avant la question de la biographie, au cœur de toute l'œuvre de Stefan Zweig.

Plus on s'y intéresse, plus le théâtre de Stefan Zweig apparaît intime et mystérieux. Ce sont une dizaine de titres, à répartir sur une trentaine d'années. Ils accompagnent la carrière de l'écrivain et constituent des nœuds et des points d'inflexion. Cependant les limites de cet ensemble sont un peu incertaines : ne faut-il pas y inclure les traductions, signées Zweig, de plusieurs pièces d'Émile Verhaeren, de Romain Rolland et de Luigi Pirandello, ainsi que *Quiproquo*, la comédie écrite à quatre mains, ressurgie depuis peu dans le quasi-dictionnaire intitulé *Stefan-Zweig-Handbuch* (2018) ? Car tout cela, nous semble-t-il, appartient pleinement au travail de l'écrivain pour la scène. C'est évident pour le théâtre de Verhaeren et de Rolland, un peu moins pour Pirandello. Et il ne faudrait pas oublier son échec relatif pour traduire *Liluli*, « l'acte aristophanesque » de Rolland (dont en 1919 une scène est tout de même publiée en allemand) – ni oublier *La Femme silencieuse*, la comédie écrite avec bonheur pour Richard Strauss. Il est donc inévitable que cette œuvre dramatique soit mal éditée, mal traduite, mal commentée. Nous le disons avec humilité – et en connaissance de cause, après nous y être mesurés pour *Thersite*, *Le Comédien métamorphosé* et *Jérémie* (coll. La Pochothèque : *Romans, Récits et Théâtre* LGF 1995). Chaque pièce de Zweig constitue un cas d'espèce ; et il n'y en a pas deux qui relèvent du même type d'analyse.

LA PASSION DU THÉÂTRE

Cela posé, le livre de Robert Dumont publié dès 1976 : *Le Théâtre de Stefan*

1. Romain Rolland. 2. Émile Verhaeren. 3. Luigi Pirandello. 4. Ben Jonson. 5. Adalbert Matkowsky. 6. Alexander Moissi. 7. Joseph Kainz. © D. R.

Zweig (PUF) reste une référence internationale, malgré ses lacunes (aucun chapitre consacré à *Adam Lux*, rien sur *Quiproquo*) et quelques parti-pris, compréhensibles et respectables. Car l'orientation est claire dès le premier chapitre intitulé « Une conception élevée du théâtre » : vive la haute culture, la *Bildung*, et foin du divertissement ! Le rire, la fête et la musique, voire la pantomime, ne sont pas, ou peu, évoqués. Cependant Dumont utilise aussi à bon escient (mais trop peu) l'article publié en 1921 par Zweig sur *Le Théâtre futur de l'esprit*.

Stefan Zweig a en effet réfléchi à plusieurs reprises à son idéal de théâtre, même s'il refuse toute théorie. Il veut être un praticien, étant lui-même passionné de théâtre, persuadé que c'est une école de civilisation et un foyer d'émotions esthétiques, irremplaçable. Quand le rideau se lève, le spectateur dans la pénombre doit apercevoir quelque chose de tout autre, comme au fond d'un temple. C'est de la magie, dans un théâtre à l'italienne.

Elle a dû opérer pour Zweig dès l'adolescence. À Vienne d'abord (où règne un véritable culte du théâtre, bien évoqué dans *Le Monde d'hier*). Puis sur toutes les scènes occidentales, prestigieuses ou modestes. Mais cette magie passe aussi par le livre : Zweig est capable de « voir » un texte pour le théâtre ; il a découvert en les lisant les pièces de Verhaeren et de Rolland. Et ses lectures sont immenses. Elles le conduiront à Ben Jonson, dont il adaptera deux pièces : *Volpone*, qui sera son plus grand succès, créé au Burgtheater de Vienne en novembre 1926, et aussi *La Femme silencieuse*, pour Richard Strauss, l'opéra créé à Dresde en juin 1935 (Zweig figure à l'affiche, mais n'est pas dans la salle !).

À gauche : Romain Rolland et Stefan Zweig à Villeneuve en Suisse en 1933. À droite : Stefan Zweig à Ossining, New York, en 1941, sept ans après avoir fui d'Europe. © D. R.

Autre ingrédient de son amour du théâtre : ses amitiés ferventes pour de grands comédiens, tels Matkowsky, Moissi et Kainz – ces deux derniers sont impliqués de près dans l'écriture des deuxième et troisième pièces de Zweig, *Le Comédien métamorphosé* et *La Maison au bord de la mer,* créées toutes deux en 1912. Les « écoles » de Zweig sont donc nombreuses, et il a toujours baigné dans la poésie singulière du théâtre.

Pour dire l'essentiel : Stefan Zweig est un Viennois cosmopolite, polyglotte, juif et agnostique, héritier des Lumières européennes. À ses yeux, le théâtre a une valeur mystérieuse qui oriente la civilisation vers le haut. Il veut écrire un théâtre ambitieux et optimiste. Mais à chaque fois, c'est dans une espèce d'effervescence poétique qu'il crée. Et son théâtre est un kaléidoscope où plus d'un modèle se retrouve.

LA GENÈSE DE *LA LÉGENDE*

Par exemple Strindberg et son « théâtre intime », pour *La Légende d'une vie.* Le mot même de « légende » constitue une intersection intéressante, ainsi que le mot de *Kammerspiel* – comme on dit « musique de chambre » – qui désigne cette pièce en trois actes et en prose, pour la première fois après quatre pièces en vers libres.

Comme ce fut souvent le cas, sa genèse est très longue, et sa réalisation, très rapide. D'après la passionnante *Correspondance* avec Rolland (1er vol. : 1910-1919, Albin Michel, 2014) il ressort que Zweig écrit la pièce en quelques mois, à partir de mai 1918. Mais l'idée remonte au moins à 1912 : à Paris, Zweig a vu au Théâtre de l'Odéon, *Dans l'ombre des statues,* une pièce de son ami Georges Duhamel, une tragédie au ton d'abord satirique, mais au dénouement quasi-

Macha Méril et Gaël Giraudeau.

cornélien. Zweig en fera une pièce très germanique. Dans une note liminaire, il indique que « certains éléments biographiques de la vie de Friedrich Hebbel, Richard Wagner et Dostoïevski ont pu servir de modèles » (*Légende d'une vie*, p.7, trad. B. Fontaine, Grasset 2011). C'est un drame de l'Artiste, qu'il porte en lui depuis longtemps. Pourtant l'élément déclencheur, décisif, c'est un drame intime. Il l'évoque en détail, mais à mots couverts, à Rolland, le 3 mars 1918. Il faut lire cette lettre (*op.cit.* p. 410-412) : Zweig a même pensé au suicide… Quand il en réchappe, il crie au miracle ! Une véritable frénésie de travail en résulte.

Il s'installe à Rüschlikon, au-dessus du lac de Zürich, à l'écart des intrigues du monde et des horreurs de cette fin de guerre – famines, bombardements, massacres : c'est encore l'ambiance de *Jérémie*. Et pourtant celle de *La Légende d'une vie* est tout autre : devant le lac, Stefan Zweig pense à Byron l'immense poète, aux Dardanelles – c'est-à-dire à l'Hellespont des amours de *Héro et Léandre*. La *Légende* est une action de grâce, après le miracle : « *Le travail est la seule porte par laquelle j'échappe à moi-même* », confie-t-il à Rolland le 15 mai. « *J'écris ces jours-ci les scènes d'un drame moral et contemporain qui m'occupe depuis des années. C'est un conflit tout à fait loin de notre époque, (…) un problème très complexe qui m'attire et qui me distrait* » (*op.cit.* p. 440). Et le 25 décembre 1918, en pleine Révolution d'Allemagne, ce drame est créé au Deutsches Schauspielhaus de Hambourg. Une pièce qui salue les Artistes authentiques, par-dessus le chaos de l'histoire.

Étrange Stefan Zweig ! Rolland en témoigne le 27 novembre 1918 (*id.* p. 514): « *Cher ami, merci beaucoup de m'avoir fait lire sur épreuves votre nouvelle œuvre. C'est une très belle pièce, très intime et humaine. On l'aime et on aime celui qui*

Révéler le cœur du texte

ou pourquoi adapter le théâtre de Stefan Zweig

Les pièces de Stefan Zweig nécessitent une adaptation pour faire entendre l'universalité des thèmes qui y sont abordés. Michael Stampe s'est attaché à faire résonner *La Légende d'une vie* pour les spectateurs d'aujourd'hui.

La plupart des textes de Stefan Zweig qui sont régulièrement portés à la scène sont des nouvelles qui ont donné lieu à des adaptations. Christophe Lidon et moi avons ainsi présenté *Lettre d'une inconnue*, avec Sarah Biasini, il y a quelques années.

Si Zweig a écrit quelques pièces de théâtre, elles n'ont guère été montées jusqu'ici (à l'exception de son adaptation de *Volpone* en 1926) : en l'état, elles étaient jugées « dépassées », tant dans la forme que dans le contenu. De ce point de vue, *La Légende d'une vie*, pièce écrite en 1919, n'a pas fait exception.

Le passage des textes de Zweig dans le domaine public nous permet désormais de porter un regard nouveau sur ses pièces. C'est un plaisir d'adaptateur ! Une adaptation du texte originel est indispensable lorsque la pièce ne présente pas les qualités requises aujourd'hui pour la rendre audible et retenir l'attention des spectateurs : trop longue, insuffisamment fluide, trop chargée en personnages secondaires qui retardent l'intrigue, trop « datée » dans la forme et dans la langue quelle que soit la modernité du propos.

La Légende d'une vie méritait ce travail d'adaptation car elle recèle, au fond, toutes les qualités qui font des textes de Zweig de vrais chefs-d'œuvre : finesse de l'analyse psychologique, thèmes universels.

À la demande de Christophe Lidon, désireux d'explorer d'autres facettes du travail de Zweig après le bonheur partagé sur *Lettre d'une inconnue*, je me suis donc employé à créer une version scénique contemporaine, c'est-à-dire à restituer l'esprit et la vision de l'auteur, fluidifier la forme, repenser le vocabulaire, recentrer l'action sur les personnages principaux, en un mot faire en sorte que l'attention du spectateur du xxe siècle soit immédiatement dirigée vers le cœur du texte.

A suivi une très enrichissante phase de partage et d'ajustement avec le metteur en scène et les interprètes. Mon espoir est d'avoir réussi ce pari…

Michael Stampe

l'a écrite. – Le second acte m'a particulièrement touché. – Tout est très vrai, – seulement (au dénouement) un peu plus beau que le vrai : car les Leonor que j'ai pu connaître eussent difficilement pardonné à Maria Folkenhof de mettre ses fameuses lettres dans les mains de la bru qu'on lui impose. […] Je vous admire d'avoir pu vous abstraire assez des agitations publiques pour vivre aussi profondément ce beau Kammerspiel. »

B. C.-D. et G. R.

Toutes les nuances de Zweig

Rencontre avec Christophe Lidon

Avec *La Légende d'une vie*, le metteur en scène renoue avec un univers dont il apprécie la profondeur psychologique et la lucidité douloureuse.

Valentine Galey et Gaël Giraudeau.

Trois spectacles à l'affiche en ce début de saison ! Deux à Paris où *Un fil à la patte* de Georges Feydeau a triomphé tout l'été et qui ne quitte la scène du Montparnasse que pour faire place à *La Légende d'une vie* de Stefan Zweig, tandis qu'au La Bruyère on va découvrir *La Vie rêvée d'Helen Cox* d'Antoine Rault. À Orléans, au CADO qu'il dirige, commenceront les représentations de *Terminus*, autre pièce d'Antoine Rault dont il a créé *Le Diable rouge* et *L'Intrus*, notamment.

Depuis plus de vingt-cinq ans, c'est le rythme de Christophe Lidon. Pas loin de quatre-vingts spectacles, du privé au public, du classique au contemporain, avec des interprètes prestigieux et de jeunes débutants : un monde, Lidon. Et toujours disponible pour éclairer son travail. Avec *La Légende d'une vie*, il retrouve l'univers de Stefan Zweig dont il avait si bien rendu les nuances dans *Lettre d'une inconnue* avec Sarah Biasini Frédéric Andrau ou Thomas Cousseau, il y a quelques saisons.

« Je ne connaissais pas cette pièce de Stefan Zweig que Michael Stampe, qui en signe l'adaptation, m'a fait découvrir. Il s'agit d'une œuvre pensée pour le théâtre, non d'une nouvelle qui donnerait matière à une pièce. Une pièce particulièrement forte qui m'a séduit parce que, justement, elle possède une épaisseur... romanesque. » L'écrivain viennois nous plonge en effet au cœur d'une famille aussi fascinante qu'inquiétante. On y voit un fils, Friedrich, qui, malgré le poids qui pèse sur ses épaules, poids d'un père qui fut un très célèbre poète, s'est engagé sur le même chemin. Il écrit. La pièce commence alors qu'une soirée a été organisée pour la présentation, devant un public choisi, de quelques-uns de ses textes. *« Cette mère, qui a consacré sa vie au renom de l'œuvre de son défunt mari, est d'une profonde ambivalence. Ce n'est d'ailleurs pas elle qui a voulu ce rendez-vous, elle s'est laissé déborder par des initiatives*

mondaines. » On l'apprend en effet tout de suite : la princesse Wittenberg en a suggéré l'idée et dans cette société viennoise de l'immédiat après-guerre, on ne saurait refuser qu'un acteur célèbre, Grovik, ne lise les poèmes d'un jeune homme si bien né. *« Friedrich lui, n'est pas un être accompli. Il a été élevé dans l'adoration de l'œuvre de son père et il admire la personnalité de ce père disparu. Il n'est pas à l'aise en société. Dès la première scène, on sait que l'épreuve sera pour lui redoutable. »*

C'est évidemment ce qui a immédiatement intéressé Christophe Lidon. *« Une femme inconnue, qui assiste à la soirée, va faire éclater, aux yeux de Friedrich, la vérité. Une famille, ce sont souvent des secrets de famille. Des mensonges enfouis qui pèsent comme du plomb, des non-dits toxiques qui empoisonnent. Il y a tout cela dans* La Légende d'une vie. *Pêle-mêle, j'y entends une violence à la Faulkner, une complexité sensible à la Tchekhov, une cruauté qui nous rappelle, à cause de l'Autriche mais pas seulement, la férocité ironique et désespérée de Thomas Bernhard. Du Zweig tout pur, et toutes les nuances de Zweig. On ne peut oublier qu'il a comme ami Arthur Schnitzler et bien sûr Sigmund Freud. La psychologie des profondeurs, il connaît ! »*

La souffrance de Friedrich elle aussi est ambigüe. Ainsi avoue-t-il à sa demi-sœur Clarissa que l'intérêt qu'il a porté à son père tenait aussi au désir de trouver un défaut dans la cuirasse, une faille… Les personnages opposés de la mère, Leonor, et de l'ancienne passion du « grand » poète, Maria Folkenhof, celle que nul n'attendait, sont au centre du drame. Mais ce qui frappe le plus le metteur en scène, par-delà les caractères, tous très fouillés, complexes, humains, c'est l'atmosphère qu'instaure Zweig dans la pièce. *« On y retrouve tout ce qu'il décrit, analyse, dans son livre* Le Monde d'hier. *Ses "personnages" sont tous ligotés. Aucun n'a jamais eu droit à la vérité. La vérité, dans cette société, on pense que c'est une menace. Il faut la taire, la falsifier, il faut reconstruire en mentant, il faut trahir. C'est exactement comme un processus inconscient de refoulement, à l'échelle d'un être, d'une famille, d'une société. Il y a vraiment dans cette pièce des éclats "freudiens", mais elle n'est en rien démonstrative. Zweig disait qu'il s'était inspiré de Cosima Wagner qui a beaucoup enjolivé la vérité et il ne détestait pas choisir des "cas". C'est ce qu'il a fait en composant* Lettre d'une inconnue. *Là, il a directement suivi Freud !»*

Tout passe par le jeu. Dans le beau décor en transparence de Catherine Bluwal, les personnalités des comédiens s'imposent. *« J'ai eu la chance de pouvoir réunir les interprètes idéaux »*, souligne Christophe Lidon. *« Natalie Dessay est Leonor, la gardienne du secret, celle qui s'est donné comme mission de défendre un artiste national pur… Macha Méril est Maria, Macha l'éternelle voyageuse. Gaël Giraudeau affronte crânement le rôle d'un fils dans l'ombre d'un père connu. Bernard Alane, lui, est Hermann Bürstein, éditeur du grand poète et son biographe. Très importante également est Clarissa, que joue Valentine Galey, mariée et qui a des enfants, personnage à qui Friedrich peut se confier. »* Une superbe distribution pour un spectacle tout d'émotions rares.

Propos recueillis par Armelle Héliot

Le temps de la recherche

Entretien avec Natalie Dessay

Chanteuse lyrique de renom, Natalie Dessay explore à nouveau la liberté du jeu théâtral dans son interprétation de Leonor Franck, personnage complexe et intense de *La Légende d'une vie.*

L'Avant-scène théâtre : Comment en êtes-vous venue à jouer Leonor Franck ?
Natalie Dessay : C'est Macha Méril qui a parlé de moi à Christophe Lidon. Au théâtre, j'ai besoin de faire toutes les expériences. Après un monologue, *Und,* je suis heureuse de participer à une pièce à cinq personnages. Je ne savais même pas que Stefan Zweig avait écrit du théâtre. *La Légende d'une vie* m'a intéressée, car le personnage de Leonor évolue ; il n'est pas le même au premier et au troisième acte. Une crise familiale a surgi, le passé a été mis en cause, et les certitudes installées depuis vingt ans sont tout à coup balayées !

AST : Par rapport à votre expérience de chanteuse lyrique, comment jugez-vous les répétitions au théâtre ?
N. D. : J'aime la façon dont on travaille et dont chacun cherche son rôle. À l'opéra, les rôles sont stéréotypés, et l'on n'a pas la maîtrise du temps. Le geste esthétique balaie les énergies et va contre le jeu. Il n'y a jamais de lâcher-prise. On pense avant tout à chanter. Au théâtre, le rythme et la mélodie sont décidés par nous-mêmes. Un immense champ de liberté s'ouvre. Nous avons créé le spectacle au CADO d'Orléans puis en tournée avant de le reprendre à Paris au Montparnasse. Comment cela va-t-il se passer, évoluer ? Cela m'intéresse. Alors qu'à l'opéra, on travaille sur des séries qui excèdent rarement dix représentations, Ici, on a le temps de la maturation, puisque l'on peut jouer plusieurs dizaines de fois le même rôle.

AST : Que pensez-vous de votre metteur en scène, Christophe Lidon ?
N. D. : J'ai aimé tous les spectacles qu'il a faits et que j'ai pu voir. C'est un metteur en scène qui a tout en tête. Il règle d'abord les déplacements, puis nous laisse une grande liberté sans pour autant nous lâcher du regard. Il perçoit toutes les nuances de jeux et c'est quelqun avec qui l'on ne peut pas tricher, car il s'en aperçoit tout de suite. Cela peut être déstabilisant, mais c'est extrêmement enrichissant pour un acteur d'être regardé de cette façon-là. Avec beaucoup d'humour et de bienveillance, mais toujours au scanner.

AST : Et vos partenaires ?
N. D. : Les gens de théâtre sont très bienveillants. Je n'ai jamais senti de

À gauche : Natalie Dessay et Macha Méril. À droite : Natalie Dessay et Bernard Alane.

défiance. J'ai été reçue comme une actrice. Bernard Alane est un grand partenaire qui vous porte. Macha Méril est une amie, et nos deux rôles s'opposent et se complètent parfaitement. Gaël Giraudeau et Valentine Galey sont des personnalités très intéressantes. J'ai pu observer leur évolution et il est touchant de voir comme chacun a pris sa place dans cette famille avec sensibilité, détermination et beaucoup d'implication. En même temps, ce que j'aime, c'est qu'il n'y a pas la hantise de la perfection ; il y a obligation de faire feu de tout bois à chaque instant. On est davantage dans le présent qu'à l'opéra. Si, dans le lyrique, la musique donne le rythme et le ton, au théâtre, ce sont les acteurs qui réinventent la musique du texte.

À présent, j'explore de nouvelles voies. Avec Jacques Vincey, l'expérience fut fondatrice. Avec Richard Brunel, j'ai incarné un texte à la première personne du pluriel. Avec Christophe Lidon, nous avons eu tant de plaisir de travailler ensemble que nous rêvons de recommencer, avec notamment *La Reine écartelée* de Christian Siméon.

AST : À côté de vos projets de théâtre, vous n'abandonnez pas le chant ?

N. D. : Non. Je continue les récitals avec Philippe Cassard au piano. Je viens d'enregistrer un second album avec Michel Legrand : *Between Yesterday and Tomorrow*, sorti en 2017. Et j'ai des projets de chansons françaises et de jazz à venir. Ma règle est d'expérimenter aussi bien dans la musique qu'au théâtre, mais dans tous les cas il ne s'agit que de raconter des histoires.

Propos recueillis par Gilles Costaz

Une belle leçon de vie

Rencontre avec Macha Méril

Amoureuse éternelle, Macha Méril trouve avec Maria Folkenhof un rôle qui lui va comme un gant, dans une pièce pétrie de psychanalyse et d'humanité.

En lisant cette pièce, j'ai eu le sentiment que Zweig avait écrit ce rôle pour moi ! Maria est celle par qui la vérité arrive. Une espèce d'*outsider*, d'aventureuse extrême venue de loin et qui bouleverse tout. Elle a su se tenir à ce qu'elle aime, mêlant fidélité et féminité. Quelle belle leçon de vie !

Maria et Leonor ont aimé le même homme, différemment, mais d'une façon absolue. Maria trouble la situation en rebattant les cartes, mais elle libère les autres en leur rendant leur dignité. Elle réhabilite l'image de l'écrivain dans le cœur du fils comme dans celui de Leonor qui a été maltraitée. C'est un personnage positif qui aspire à la paix. Elle s'est longtemps sentie coupable de ne pas avoir eu le courage de transformer son couple avec l'arrivée d'un enfant, mais je trouve au contraire cela admirable. Elle a voulu se consacrer à son seul amant. Et elle en a été punie puisqu'elle l'a perdu, Leonor faisant le choix inverse. Ce renoncement renvoie à sa pureté, celle d'une grande amoureuse.

Karl a eu besoin des deux jusqu'au bout… Avec Maria, la muse, il était dans une communion spirituelle qui lui a inspiré ses grands textes. Tandis que Leonor a su gérer sa carrière. C'est le drame des artistes : il leur faut à la fois une inspiratrice et une gestionnaire. Aujourd'hui, chacune vit son veuvage et honore la mémoire du poète aimé d'une manière singulière et qui lui ressemble. Leur amour s'exprime différemment mais avec une vraie fidélité à ce qu'elles sont.

Ce qui est particulièrement fort dans *La Légende d'une vie*, c'est que l'auteur n'émet aucun jugement moral. Jamais. Sa pièce est d'ailleurs construite comme une plaidoirie, il est l'avocat de ses personnages : chacun a l'occasion de défendre sa position et de se faire entendre. Et Zweig se tient à une parfaite partialité à leur égard : les rôles sont tous justes, dans une vérité qui leur est propre. Il prend parti pour tous, n'accuse ni n'exauce aucun d'entre eux.

C'est que j'ai aimé dans la pièce, et qui m'incite à remonter sur scène. Dans trop de pièces que l'on me propose, les jeux sont faits d'avance. Ici chacun a sa raison d'être. Cela est aussi vrai dans l'œuvre de Tchekhov, d'ailleurs, et c'est la marque des grands textes dramatiques.

On y ressent également la forte influence de la psychanalyse, alors toute nouvelle à l'époque. Elle est tapissée

Macha Méril et Bernard Alane.

des notions de secret et de transparence, d'un désir et d'un besoin de vérité qui s'exprime très fortement dans les liens familiaux. Notre interprétation est tournée vers la vie, suivant une espèce d'*art d'aimer* post-freudien… Les artistes construisent leur œuvre à partir de leurs sentiments. La modernité de cette pièce tient à cela : son ampleur et sa justesse. Sa générosité.

Propos recueillis par Rodolphe Fouano

Le Théâtre Montparnasse

À gauche : Myriam Feune de Colombi et Bertrand Thamin. © Pascal Victor. À droite : la salle du Théâtre Montparnasse. © Fabienne Rappeneau

Construite sur un emplacement voué au théâtre depuis 1817, la salle actuelle a été édifiée en 1886. Dirigé par **Gaston Baty** de 1930 à 1943, le Théâtre Montparnasse s'illustra par une programmation brillante et variée, à la mesure du grand animateur moderne qu'il était.

En 1943, c'est la comédienne **Marguerite Jamois** qui assure sa succession et présidera, pendant quelque vingt années, aux destinées du théâtre.

Puis **Lars Schmidt** et **Jérôme Hullot** en prennent ensemble la direction.

Sous leur impulsion furent découverts en France de nombreux auteurs anglo-saxons, tels que Peter Shaffer, Arnold Wesker, Noël Coward, Harold Pinter, Murray Schisgal, servis par les plus grands comédiens.

Lorsque, en 1984, arrive **Myriam Feune de Colombi**, elle conserve la volonté d'une programmation éclectique et de qualité. Elle contribue en particulier à la reconnaissance de nouveaux auteurs français : Éric-Emmanuel Schmitt, Florian Zeller, Gérald Sibleyras, Antoine Rault… et crée de nombreux triomphes : *Le Souper, La Boutique au coin de la rue, À tort et à raison…*

Parallèlement, elle procède à la réhabilitation du Petit Montparnasse qui devient une salle de deux cents places consacrée à la découverte de jeunes talents.

Depuis 2006, **Bertrand Thamin** assure avec elle la codirection des deux salles.

L'année dernière, le Théâtre Montparnasse a accueilli 145 237 spectateurs qui ont découvert l'un des neuf spectacles créés dans ses deux salles.

Historique des spectacles

• **Saison 1992-1993**
Marcel et la Belle excentrique
de Jean-Pierre Grédy
m. en scène Roland Petit
Mortadela, concept. et m. en scène Alfredo Arias,
spectacle du Groupe TSE
Molière du spectacle musical

• **Saison 1993-1994**
Passions secrètes
de Jacques-Pierre Amette
m. en scène Patrice Kerbrat
Célimène et le Cardinal
de Jacques Rampal,
m. en scène Bernard Murat
Molières de la comédienne,
du décorateur,
du créateur costumes

• **Saison 1994-1995**
L'Allée du roi
de Françoise Chandernagor
m. en scène Jean-Claude Idée

• **Saison 1995-1996**
La Dernière Salve
de Jean-Claude Brisville
m. en scène Marcel Bluwal

• **Saison 1996-1997**
Le Bal des voleurs
de Jean Anouilh
m. en scène Jean-Claude Idée
Le Libertin
d'Éric-Emmanuel Schmitt
m. en scène Bernard Murat
Molière du créateur costumes
Des ronds dans l'eau
Récital Philippe Clay,
m. en scène Jean-Luc Tardieu

• **Saison 1997-1998**
Deux sur la balançoire
de William Gibson
adapt. Jean-Loup Dabadie,
m. en scène Stéphane Hillel

• **Saison 1998-1999**
Luchini dit La Fontaine, Céline...
Copenhague de Michael Frayn
adapt. Jean-Marie Besset,
m. en scène Michael Blakemor
Molières de l'adaptateur,
d'une pièce étrangère,
de la pièce de création

• **Saison 1999-2000**
À torts et à raisons
de Ronald Harwood
adapt. Dominique Hollier,
m. en scène Marcel Bluwal
Molière du créateur lumière

• **Saison 2000-2001**
Fernando Krapp m'a écrit cette lettre de Tankred Dorst
adapt. Bernard Lortholary,
m. en scène Bernard Murat
Transferts de Jean-Pierre About
m. en scène Jean-Claude Idée
Les Dernières Lunes
de Furio Bordon
adapt. Jean Piat,
m. en scène Stéphane Hillel

• **Saison 2001-2002**
La Boutique au coin de la rue
d'après Ernst Lubitsch
adapt. de J.-J. Zilbermann
et Évelyne Fallot,
m. en scène J.-J. Zilbermann
Molières de la pièce,
de la création,
de l'adaptation,
du metteur en scène,
du décorateur,
du créateur lumière

• **Saison 2002-2003**
Le Vent des peupliers
de Gérald Sibleyras
m. en scène Jean-Luc Tardieu

• **Saison 2003-2004**
Le Jour du destin
de Michel del Castillo
adapt. de Jean-Marie Besset,
m. en scène Jean-Marie Besset
et Gilbert Désveaux
L'Homme, la Bête et la Vertu
de Luigi Pirandello
adapt. de Toni Cecchinato,
m. en scène Jean-Claude Idée

• **Saison 2004-2005**
L'Évangile selon Pilate
d'Éric-Emmanuel Schmitt
m. en scène Christophe Lidon
Déjeuner chez Wittgenstein
de Thomas Bernhard
adapt. Patrick Démerin,
m. en scène Hans Peter Cloos

• **Saison 2005-2006**
Ma vie avec Mozart
d'Éric-Emmanuel Schmitt
m. en scène Christophe Lidon
Le Caïman d'Antoine Rault
m. en scène Hans Peter Cloos
1962 de Mehdi Charef
m. en scène Kader Boukhanef
et Aziz Kabouche

• **Saison 2006-2007**
Goldoni-Strehler : Mémoires
adapt. de Myriam Tanant,
m. en scène Giorgio Ferrara
La Danse de l'albatros
de Gérald Sibleyras
m. en scène Patrice Kerbrat

• **Saison 2007-2008**
Le Banc de Gérald Sibleyras
m. en scène Christophe Lidon
Le Système Ribadier
de Georges Feydeau
m. en scène Christian Bujeau
Oscar et la Dame rose
d'Éric-Emmanuel Schmitt
m. en scène Joël Santoni

• **Saison 2008-2009**
Le Diable rouge
d'Antoine Rault
m. en scène Christophe Lidon
Molières du décorateur,
du créateur lumière

Vingt-quatre heures de la vie d'une femme de Stefan Zweig
adapt. et m. en scène
Marion Bierry

• **Saison 2009-2010**
Parole et guérison
de Christopher Hampton
adapt. et m. en scène
Didier Long
Une comédie romantique
de Gérald Sibleyras
m. en scène Christophe Lidon
Jalousie en 3 mails
d'Esther Vilar
m. en scène Didier Long

• **Saison 2010-2011**
La Parisienne d'Henry Becque
m. en scène Didier Long

• **Saison 2011-2012**
La Vérité de Florian Zeller
m. en scène Patrice Kerbrat
Pensées secrètes de David Lodge
adapt. Gérald Sibleyras,
m. en scène Christophe Lidon
L'Alouette de Jean Anouilh
m. en scène Christophe Lidon

• **Saison 2012-2013**
Un drôle de Père
de Bernard Slade
adapt. Gérald Sibleyras,
m. en scène Jean-Luc Moreau
L'Importance d'être sérieux
d'Oscar Wilde,
adapt. Jean-Marie Besset,
m. en scène Gilbert Désveaux

• **Saison 2013-2014**
L'Importance d'être sérieux
d'Oscar Wilde,
m. en scène Gilbert Désveaux
La Dame de la mer
d'Henrik Ibsen,
m. en scène
Jean-Romain Vesperini
Gaspard Proust tapine
de et avec Gaspard Proust
Un temps de chien
de Brigitte Buc
m. en scène Jean Bouchaud

• **Saison 2014-2015**
La Colère du Tigre
de Philippe Madral
m. en scène Christophe Lidon
les grandes filles
de Stéphane Guérin
m. en scène Jean-Paul Muel
Tailleur pour dames
de Georges Feydeau
m. en scène Agnès Boury

• **Saison 2015-2016**
Un certain Charles Spencer Chaplin de Daniel Colas
m. en scène de l'auteur
Une famille modèle
d'Ivan Calbérac
m. en scène Anne Bourgeois

• **Saison 2016-2017**
Moi, moi et François B.
de Clément Gayet
m. en scène Stéphane Hillel
D.I.V.A
de Verdi, Mozart, Bizet, Puccini et Offenbach,
m. en scène Manon Savary

• **Saison 2017-2018**
Novecento d'après le roman d'Alessandro Barricco
m. en scène André Dussolier,
Molière du meilleur comédien
Le Lauréat
adapt. Terry Johnson,
version française
Christopher Thompson,
m. en scène Stéphane Cottin
Un fil à la patte
de Georges Feydeau,
m. en scène Christophe Lidon

L'équipe du Théâtre

Directeurs : Myriam Feune de Colombi et Bertrand Thamin
Attachée de direction / Responsable de la communication : Julie-Alexandra Bouvard
Chef-comptable : Murielle Hériquet
Comptable : Loan Vo
Collectivités : Sandrine Vidal
Régisseur général : Louis-Philippe Médina
Régisseur son et plateau : Johann Quidéau
Habilleuse : Linda Bouhenni
Caissiers : Jean-Marie Donnart, Pierre-Éric Dussauze et Stéphane Thoreux
Chef de salles - attaché de direction : Frédéric Lambert Dudeffand
Contrôleur-postier : Antoine Desbouys et Mathieu Yakoub
Ouvreuses : Marie-Thérèse Médina, Chantal Olivier, Marine Seradj, Adosinda Da Rocha Pinto et Béatrice Philippe
Gardienne : Claire Gilles

Remerciements

Publicité : Chalmandrier
Construction des décors : Jipanco

L'ACTUALITÉ

La Reprise. Histoire(s) du théâtre (I), conçue et mise en scène par Milo Rau au Gymnase du lycée Aubanel.
© Christophe Raynaud de Lage / Festival d'Avignon

Festival d'Avignon 2018
Une édition riche et contrastée

Réduite dans le temps à cause des contraintes budgétaires, la programmation imaginée par Olivier Py et son équipe a réservé de nombreux grands moments.

Thyeste de Sénèque, mis en scène par Thomas Jolly dans la cour d'honneur du palais des Papes. © Christophe Raynaud de Lage / Festival d'Avignon

« *Notre besoin de culture est impossible à rassasier* », écrivait Olivier Py dans le communiqué qui accompagnait la conférence de presse de bilan de la 72e édition du Festival d'Avignon, reprenant le titre du grand livre du Suédois Stig Dagerman, « *Notre besoin de consolation est impossible à rassasier* ». Du 6 au 24 juillet, soit dix-neuf jours en tout, un format serré dicté par des contraintes budgétaires indéniables, nous aurons vu beaucoup de spectacles très convaincants. Est-ce la densité obligée du calendrier, avec énormément de premières en même temps, une cascade vive de créations très différentes, qui produit ce sentiment ? On ne sait. Mais il est clair que c'est en actes que la thématique du « genre », qui paraissait bien floue en mars dernier, lorsque le directeur du Festival avait dévoilé ses choix, s'est imposée.

Il est toujours délicat de prétendre ne retenir que les temps forts dans pareille manifestation, car, parfois un spectacle infuse et prend son poids bien après que le rideau n'est retombé…

Mais jouons le jeu et louons d'abord **La Reprise** du Suisse Milo Rau, le travail le plus original et le plus puissant qu'il nous ait été donné de voir en cet été. Un travail dans la ligne documentaire rigoureuse du metteur en scène, un usage pertinent des archives filmées, de la vidéo déjà en boîte ou tournée en direct, un équilibre extraordinaire entre comédiens professionnels exceptionnels et amateurs magistralement accomplis. Un travail s'inspirant d'un atroce fait divers survenu à Liège il y a plusieurs années : le tabassage à mort, par des garçons sans autre langage que la brutalité, d'un jeune homosexuel, croisé par hasard. En une heure quarante, Milo Rau parvient à évoquer, par-delà les faits eux-mêmes, la réflexion menée, par lui et son équipe, sur le théâtre même, la réalité, l'illusion, l'acte unique et la répétition, la reprise…

Ouvrant le feu, **Thyeste** de Sénèque dans la traduction de Florence Dupont, première mise en scène de Thomas Jolly dans la cour d'honneur, est également une grande réussite. Une vision personnelle, avec une part forte de la musique et des chœurs d'enfants, une démesure cruelle affrontée fermement, un hommage fervent au lieu, avec les lumières de grand mur, le son, les effets avec, par exemple, la beauté fantastique d'un vol de papillons noirs, et un groupe d'interprètes habités par la violence tragique, mais nuancés et bouleversants. Le metteur en scène lui-même porte avec finesse et sensibilité le rôle d'Atrée, celui qui offre en repas à son frère Thyeste ses enfants qu'il a assassinés par vengeance.

Le feuilleton, mené par David Bobée sous le titre *Mesdames,* **Messieurs et le reste du monde** s'est vite dégagé de son souci pédagogique pour offrir vitalité et fantaisie, leçons savantes ou témoignages touchants. Un rendez-vous gratuit, prisé du public, à midi dans le Jardin de la Livrée Ceccano.

Inspiré de Franz Kafka, **Le Grand Théâtre d'Oklahama**, par Madeleine Louarn et François Auguste, dirigeant un groupe d'interprètes en situation de handicap, est d'une poésie forte, attisée par la scénographie de la plasticienne imaginative Hélène Delprat et des costumes de Claire Raison. Un moment de grâce singulière.

Unique, singulier également est le **Trans (Més Enllà)** de Didier Ruiz, au cœur de la thématique du genre, son centre rayonnant avec des hommes et des femmes ayant choisi de traverser le mur qui sépare les sexes, de passer de l'un à l'autre. Une cérémonie simple de présence et d'explication, en toute dignité et parfois avec beaucoup d'humour…Confirmation que le travail que conduit Didier Ruiz, donner la parole à ceux qui ne l'ont pas facilement, est un geste politique mais aussi poétique.

Délicat, venu d'Iran, **Summerless** d'Amir Reza Koohestani, est un conte philosophique sur la situation de son pays, aujourd'hui, un conte qui se dissimule dans les plis d'une histoire apparemment très simple mais qui témoigne du courage de l'artiste et d'une manière incisive et lumineuse de résister. Courageux, le jeune Gurshad Shaheman,

Summerless, texte et mise en scène d'Amir Reza Koohestani à la Chartreuse de Villeneuve-lez-Avignon. © Christophe Raynaud de Lage / Festival d'Avignon

l'est aussi. Il vient de Perse, mais vit en Europe depuis de longues années désormais, et en France en particulier. Il s'est saisi du destin des migrants, s'approchant surtout de ceux qui doivent fuir parce qu'ils sont rejetés du fait de leurs orientations sexuelles. Manière abrupte de circonscrire un propos nuancé. Il s'est rendu dans des camps, à Calais, en Grèce, au Liban. Il a recueilli les témoignages, les a réécrits. Ils sont portés par de jeunes comédiens, immobiles dans un vaste espace enténébré. Pur et simple, avec, comme un supplément d'âme, la présence de quatre des personnes évoquées et ce titre où perce autant d'ironie que de désespoir : **Il pourra toujours dire que c'est pour l'amour du prophète**…

Avec deux propositions, *Antigone* de Sophocle jouée par des prisonniers du centre pénitentiaire d'Avignon Le Pontet et *Pur présent*, trilogie scrutant notre société, Olivier Py nous rappelle sa passion des planches, du dévouement à l'autre dans l'écoute d'une parole toujours d'actualité jusqu'à une forme qui peut rappeler le théâtre d'intervention d'un Dario Fo. Un grand tréteau, une photographie agrandie en guise de mur du fond, un piano, et les fulgurances d'un esprit sensible et engagé.

Comme un enfant concentré sur des actions dont les adultes ne saisissent pas toujours le sens, Raimund Hogh a repris son hommage à Callas dans **36, avenue Georges Mandel** et en a inventé un nouveau pour Ornella Balestra, étoile de Maurice Béjart, **Canzone per Ornella**. Quelque chose échappe aux lois rugueuses du monde, lorsqu'on le suit. De même avec ceux dont Anouk Grinberg avait choisi de nous faire entendre les voix, **Et pourquoi moi je dois parler comme toi ?** Elle a choisi les textes et organisé leur déploiement, elle a su lire ces êtres des marges, d'Ingeborg Bachmann à Adolf Wölfli, d'Aloïse Corbaz à Marguerite Pillonel. Nicolas Repac accompagne

Tartiufas de Molière, mis en scène par Oskaras Koršunovas à l'Opéra Confluence. © Christophe Raynaud de Lage / Festival d'Avignon

musicalement cette célébration de l'art dit « brut ».

Très subtil, l'Égyptien Ahmed El Attar, nous montre la société bourgeoise du Caire avec beaucoup d'esprit dans **Mama**, tandis que le Lituanien Oskaras Koršunovas se saisit de Molière avec un **Tartiufas** carnavalesque, ironique et courageuse charge contre le pouvoir. Ivo van Hove, lui, dévoile un auteur culte aux Pays-Bas, mais inconnu en France, Louis Couperus : **De Dingen die Voorbijgaan** *(Les Choses qui passent)*, Avec le Toneelgroep Amsterdam, leçon de ténèbres fascinante, dont la reprise n'est pas prévue, pour le moment, en France.

L'an prochain, le fil rouge sera *L'Odyssée*. Sources grecques archaïques, traversées de la Méditerranée. *« Lier le poétique au politique»*, c'est le geste qui fonde la pensée et la vie d'Olivier Py. Il s'est également engagé à présenter la pièce du réalisateur et metteur en scène russe Kirill Serebrennikov, arrêté et assigné à résidence depuis août 2017, une pièce consacrée au photographe chinois Ren Hang, censuré par le pouvoir.

Armelle Héliot

La Reprise, 22/09-5/10, Nanterre-Amandiers.
Thyeste, 27 et 28/09, Perpignan ; 16-19/10, Saint-Étienne ; 6-8/11, Angers ; 14-20/11, Nantes ; 26/11-01/12, La Villette, Paris.
Le Grand Théâtre d'Oklahama, 4-11/10, Rennes ; 31/01-8/02, Bobigny.
Trans (Més Enllà), 3-5/10, Nantes ; 23/01, Châtenay-Malabry.
Summerless, 6-8/09, Genève ; 22-24/11, Rennes.
Il pourra toujours dire…, 10 et 11/11, Valenciennes, 13 et 14/11, Marseille.
Pur présent, 23-26/01, Bruxelles ; 28/02-1/03, Nice ; 14/03, Perpignan.
Et pourquoi moi…, 29/09, Genève ; 30/04, Portes-lès-Valence ; 2 et 3/05, Toulon.
Mama, 9/10, Choisy-le-Roi ; 11-14/10, Bobigny ; 16 et 17/10, Bourges.
Tartiufas, 14-16/11, Caen ; 20-22/11, Lille.
De Dingen die Voorbijgaan, 12 et 13/10, St-Pétersbourg.

La vie en tournée
Les comédiens à la rencontre du monde

La tournée constitue un temps particulier de la vie des comédiens. Certains artistes ou auteurs ont raconté cette expérience significative, partie intégrante du métier.

CEUX DU VOYAGE...

La « Roulotte » prend la route

Les jeunes comédiens de « La Roulotte » ont quitté Paris le 24 août dernier pour une tournée en Anjou. Comme leurs compagnons du « Bon Vouloir » en Aquitaine, ils jouaient sous le patronage de l'Association « Jeune France ». L'un d'entre eux, Bordelais d'origine, ainsi que deux autres de ses camarades, a pris plaisir à conter à nos lecteurs leur randonnée.

DÉPART

Décors et costumes sont enregistrés depuis hier : 12 valises, un praticable démonté, une fenêtre,

baigné dans l'eau du Léthé : j'y avais oublié le théâtre. La musique m'y ramène sans brutalité. La troupe a le sourire et le désir de bien jouer. L'aménité règne. Vilar (l'Auteur) me prête son

La voici : noire, glaciale, très mal équipée.
On décide une parade dans la ville à 18 heures.
A 18 heures, tombe une énorme averse. La ville devient déserte. L'Inquiet jette un regard craintif sur la feuille de location : il y distingue quatre minuscules croix bleues.

La pluie cesse enfin. C'est notre première parade, et on le voit bien. Angélique lance aux rares curieux des « à ce soir » d'une voix faussement enjouée qui me serre la gorge. Nous ressemblons à des étudiants en mal de monôme. Quoi de pire ?

De la gaieté, de l'entrain ! s'écrie le régisseur. Mella a heureusement l'idée de nous jucher sur le toit. Notre Auteur s'empare du tambour du crieur de ville, et joue magistralement de la baguette. Pendant une heure, nous parcourons les rues : « Allo, allo, les comédiens de La Roulotte, de Paris, joueront ce soir. »

Article sur la tournée de La Roulotte de Jean Vilar dans *La Petite Gironde*, 1941. © Collection Association Jean Vilar

Les déplacements peuvent être fréquents, lointains, fatigants, selon les dates des représentations. Ces dernières imposent le plus souvent d'être loin de sa famille (lorsque le conjoint ou la conjointe ne travaille pas avec vous ou n'a pas le loisir de vous suivre) et de vivre selon un rythme contraint. Une expérience néanmoins suffisamment intéressante pour faire l'objet de récits savoureux.

On pense par exemple à *Maalesh* (1950). Ce journal de la tournée de trois mois effectuée de mars à mai 1949, qui conduisit Cocteau à sillonner l'Égypte et la Turquie, est destiné « *aux quelques fous qui se passionnent encore pour le travail des planches* ». L'auteur y raconte les répétitions, les représentations réussies ou décevantes, les décors qu'il faut adapter aux salles trop petites ou trop grandes, et les innombrables réceptions, conférences et séances de signatures qui ponctuent son voyage. Ces « *notes en désordre* » (sic) montrent le déroulé du circuit qui laisse peu de temps libre pour l'observation, mais qui permet cependant à Cocteau d'effectuer quelques excursions.

Dans *Ma double vie*, Sarah Bernhardt a rendu compte de ses nombreuses tournées, tant en France qu'à l'étranger, en rapportant les mondanités auxquelles sa célébrité la contraignait. En 1880, la tragédienne part pour sept mois en Amérique et au Canada. Elle avoue que « *[son] cœur se déchirait à l'idée de quitter la France* », et bien qu'elle s'interdise d'évoquer « *tout ce qui touche à l'intimité directe de [sa] vie* », elle confie qu'elle souffre de se séparer de son fils… Autre tournée légendaire, celle de Louis Jouvet pendant la Seconde Guerre mondiale. Ayant refusé à l'occupant allemand de monter Schiller ou Goethe, Jouvet a quitté la France en mai 1941 en s'embarquant avec sa troupe depuis le Portugal pour Rio et Buenos Aires où il va triompher, multipliant les représentations jouées à guichet fermé et les conférences. En 1942, après la destruction des décors et des costumes, il rejoindra le Chili, puis le Mexique au début de 1945. De retour à Paris après quatre ans d'absence, ce n'est qu'en décembre 1945 qu'il créera *La Folle de Chaillot*.

À LA RENCONTRE DES PUBLICS

Certains épisodes sont épiques et rappellent la première période de Molière jouant de village en village dans le Languedoc, trouvant refuge ici ou là dans la rudesse de l'itinérance. Mais au-delà de l'inconfort, beaucoup restent attachés aujourd'hui encore à cette tradition où la troupe va à la rencontre des populations et non l'inverse, selon des problématiques qui renvoient aussi au Théâtre national ambulant de Firmin Gémier, en 1910. Un héritage magnifiquement assumé par Philippe Fenwick qui a tenu un journal lors des sept mille kilomètres qu'il a parcourus à pied[1]. Ce militant du théâtre populaire récidiva ensuite avec la traversée de l'Eurasie, de Vladivostok à Brest.

Sans aller jusqu'à ces cas d'une portée politique, une tournée est toujours significative. Pendant que Jouvet parcourt l'Amérique du Sud, le jeune Jean Vilar, durant l'été 1941, tourne en Anjou avec la compagnie d'André Clavé, La Roulotte, qui propose sa pièce *La Farce des filles à marier* en lever de rideau de *George Dandin*. Le journal de cette tournée produite par Jeune France, révélant le « Vilar d'avant Vilar », constitue un document saisissant[2].

Sur une note légère, on accordera le mot de la fin à Macha Méril, qui nous a confié : « Une tournée impose une vie collective où se révèlent les qualités et les défauts de chacun. Un peu comme en croisière ! Des amitiés comme des antipathies peuvent naître… J'ai fini par haïr un comédien que j'admire mais qui fumait le cigare… Pour le reste, évoquerais-je la fatigue des voyages en train, la médiocrité de trop de restaurants et d'hôtels ? On vit en outre avec la frustration d'être loin de ceux qu'on aime. Mais on voit le monde tel qu'il est ! »

Rodolphe Fouano

1. Philippe Fenwick, *Un théâtre qui marche* (Actes Sud, 2010).
2. Texte établi et annoté par Rodolphe Fouano, *L'avant-scène théâtre* n° 1342, 1er mai 2013.

Les rendez-vous du Poche-Montparnasse

La Ménagerie de verre de Tennessee Williams

Mise en scène de Charlotte Rondelez

Pièce à résonance autobiographique, *La Ménagerie de verre* marqua le premier succès de Tennessee Williams en 1944. Charlotte Rondelez en donne une version fidèle, qui fait la part belle à l'illusion.

De son vrai nom Thomas Lanier, Tennessee Williams est de ces auteurs qui puisent dans le traumatisme d'une existence chahutée par le sort toute la force de leur inspiration. *La Ménagerie de verre* est la première de ses œuvres à lui apporter un vent de succès. Il a 33 ans et ne se remet pas de la lobotomie qu'a endurée sa sœur Rose un an auparavant, sur l'injonction de sa famille désireuse de mettre fin aux comportements gênants de la jeune fille. Exutoire de sa difficile expérience familiale, cette pièce évoque l'univers étouffant qui fut le sien durant son adolescence vécue à Saint-Louis, entre une mère hystérique, ne se remettant pas de l'abandon de son mari, et une sœur au psychisme fragile. L'action se cristallise autour d'une soirée fatale où un ami de Tom, l'alter ego de Tennessee, est convié à dîner dans le but de le fiancer à Rose. Contournant ce guet-apens, le « galant » brise à la fois le projet maternel et les espoirs de sa timide fille, Laura, avide de sortir de sa prison toxique. La petite licorne de verre qu'elle collectionne avec d'autres figurines est cassée, symbole de l'irréparable dégât commis par cette expérience ratée.

Le réalisme de la situation est constamment tempéré par l'atmosphère onirique qu'amène le personnage de Laura. Charlotte Rondelez a choisi de préserver cet équilibre entre un vérisme inhérent au contexte et un mystère sans cesse présent, entraînant les protagonistes de ce drame au-delà d'eux-mêmes. Les visions de Laura se projettent sur le décor, la musique, quelques effets d'illusion apportent leur marque d'une subjectivité en lutte contre la morsure du réel. Cette pièce « à personnages », incarnée par un savoureux quatuor d'acteurs (dont la vibrante Cristiana Reali, étonnante en mère castratrice) est livrée dans la belle traduction d'Isabelle Famchon, avec une subtilité qui n'interdit pas les surprises… **Stéphanie Tesson**

Les autres spectacles à l'affiche au Théâtre de Poche-Montparnasse

À partir du 8 septembre 2018 – Ich bin Charlotte de Doug Wright. Mise en scène de Steve Suissa. Avec Thierry Lopez **(du mardi au samedi 21h – dimanche 15h)**

À partir du 15 septembre 2018 – Dialogue aux enfers entre Machiavel et Montesquieu de Maurice Joly. Mise en scène et adaptation de Marcel Bluwal. Avec Hervé Briaux et Pierre Santini **(du mardi au samedi 19h – dimanche 15h)**

Du 10 septembre au 31 décembre 2018 – Le Tour du théâtre en 80 minutes de et avec Christophe Barbier **(les lundis à 19h)**

Du 15 novembre au 6 janvier 2018 – Berlin Kabarett de et mis en scène par Stéphan Druet. Musique de Kurt Weill. Avec Marisa Berenson et Stéphane Corbin **(du jeudi au samedi 21h – dimanche 17h30)**

Le Ciné-club « Théâtre et cinéma »

Conçu et animé par Olivier Barrot

Le théâtre et le cinéma, ces cousins germains. Metteurs en scène, auteurs, interprètes se retrouvent chaque mois sur l'écran du Théâtre de Poche.

Pot-Bouille de Julien Duvivier (1957)

Lundi 8 octobre 2018 à 20h, en présence de Judith Magre

Production : Paris-Films Productions, Robert et Raymond Hakim. Scénario, adaptation : Julien Duvivier, Léo Joannon, d'après le roman d'Émile Zola. Dialogues : Henri Jeanson. Photo : Michel Kelber. Décors : Léon Barsacq. Costumes : Marcel Escoffier. Musique : Jean Wiéner. Avec Gérard Philipe, Danielle Darrieux, Jane Marken, Dany Carrel, Jacques Duby, Anouk Aimée, Jean Brochard, Judith Magre, Henri Vilbert, Micheline Luccioni, Olivier Hussenot, Denise Gence, Jacques Grello, etc.

Comment mieux commencer cette saison qu'en saluant Julien Duvivier, remarquable metteur en scène, en compagnie de son interprète « notre » Judith Magre, fidèle entre toutes du Théâtre de Poche-Montparnasse ? Duvivier, soixante films dont beaucoup de classiques établis : *La Bandera*, *La Belle Équipe*, *Pépé le Moko*, *Panique*, *Voici le temps des assassins*. Duvivier technicien hors pair admiré par Hollywood qui le requiert, Duvivier égal en maîtrise sinon en reconnaissance des Carné, Feyder, Renoir. *Pot-Bouille*, c'est peut-être la meilleure adaptation de Zola à l'écran, avec *Au bonheur des dames*, du même Duvivier (1930). L'histoire d'un arriviste, entre Rastignac et Bel-Ami, physique avantageux et belles manières, cynisme à toute épreuve et qui, Second Empire oblige, anticipe la fin du petit commerce et le triomphe de la bourgeoisie d'affaires. Un conte amoral merveilleusement costumé et décoré, une farandole à l'élégance impeccable, menée par des interprètes à l'évidence enchantés de nous enchanter : Gérard Philipe, jamais meilleur que dans les emplois de mauvais sujet, Danielle Darrieux souveraine (comme toujours), Jane Marken, véritable maquerelle de ses filles, Jacques Duby, époux piteux de la piquante Dany Carrel, les si séduisantes Micheline Luccioni et Judith Magre, ainsi qu'une prodigieuse galerie de comédiens de second plan, cette providence du cinéma français.

Olivier Barrot

Réservations conseillées
Tarifs : 20 € avec une boisson,
10 € -26 ans

Production Théâtre de Poche-Montparnasse
En première partie, des « réclames » de l'année du long métrage.
Remerciements fervents à Jean-Marie Boursicot (« La Nuit des publivores ») et à Roland Oberlin.

L'agenda

LES SPECTACLES À PARIS

M. Ibrahim et les Fleurs du Coran
Éric-Emmanuel Schmitt est ici auteur et comédien, sous la direction de la metteure en scène Anne Bourgeois. Momo, un enfant juif de 12 ans, se lie d'amitié avec l'épicier arabe du coin, pour échapper à une famille sans amour.
Du 5 septembre au 14 octobre 2018
Théâtre Rive-Gauche
Réservations : 01 43 35 32 31
www.theatre-rive-gauche.com

Le Prénom
La comédie mythique de Matthieu Delaporte et Alexandre de la Patellière, adaptée au cinéma, revient au Théâtre Édouard VII avec une nouvelle distribution que met en scène Bernard Murat. Dans ce huis clos désopilant, Vincent, qui s'apprête à être père, est interrogé par sa famille quant au choix du prénom de l'enfant. La révélation transforme le dîner en un véritable chaos.
À partir du 7 septembre 2018
Théâtre Édouard VII
Réservations : 01 47 42 59 92
www.theatreedouard7.com

Art
Patrice Kerbrat met en scène la pièce de Yasmina Reza, jouée et primée dans le monde entier. Ils sont trois amis, interprétés par Charles Berling, Jean-Pierre Darroussin et Alain Fromager. Mais leur amitié vole en éclats quand l'un d'eux fait l'achat d'un tableau entièrement blanc.
À partir du 11 septembre 2018
Théâtre Antoine
Réservations : 01 42 08 77 71
www.theatre-antoine.com

Signé Dumas
En 1948, Alexandre Dumas est à son apogée et prépare l'adaptation théâtrale du *Comte de Monte-Christo*. Survient une dispute avec son collaborateur Auguste Maquet, qui revendique son rôle et sa part dans la réussite des romans signés par Alexandre Dumas. Une pièce de Cyril Gély et Éric Rouquette, mise en scène par Tristan Petitgirard.

Signé Dumas de Cyril Gély et Éric Rouquette, mis en scène par Tristan Petitgirard au Théâtre Labruyère. © Evelyne Deseaux

À partir du 12 septembre 2018
Théâtre La Bruyère
Réservations : 01 48 74 76 99
www.theatrelabruyere.com

Vipère au poing

Jean, dit Brasse-Bouillon, mène avec ses frères une guerre sans merci contre leur mère, une femme impitoyable et cruelle surnommée Folcoche. Un témoignage vital et incendiaire qui dynamite les conventions traditionnelles de la relation parents-enfants. Victoria Ribeiro met en scène le roman largement autobiographique d'Hervé Bazin, interprété par Aurélien Houver.

À partir du 12 septembre 2018
Théâtre Ranelagh
Réservations : 01 42 88 64 44
www.theatre-ranelagh.com

Le Tartuffe

Deux ans après Michel Fau, c'est au tour de Peter Stein de s'emparer de la grande comédie de Molière sur la scène du Théâtre de la Porte Saint-Martin, dirigeant Pierre Arditi en Tartuffe face à Jacques Weber en Orgon.

À partir du 14 septembre 2018
Théâtre de la Porte Saint-Martin
Réservations : 01 42 08 00 32
www.portestmartin.com

Vingt-quatre heures de la vie d'une femme

Alain Michel adapte la nouvelle de Stefan Zweig dans une mise en scène mêlant souvenirs de la narratrice et scènes vivantes. Une lady anglaise vit vingt-quatre heures à Monte-Carlo aux côtés d'un jeune Polonais. Une plongée dans les affres de l'addiction au jeu.

À partir du 17 septembre 2018
Théâtre du Nord-Ouest
Réservations : 01 47 70 32 75
theatredunordouest.com

Skorpios au loin

Jean-Louis Benoit met en scène le texte d'Isabelle Le Nouvel, qui raconte la rencontre éphémère entre le Premier ministre Winston Churchill et l'actrice Greta Garbo sur le bateau d'Aristote Onassis. Au cours d'une croisière censée les mener sur l'île Skorpios, les deux personnages, incarnés par Niels Arestrup et Ludmila Mikaël, se reconnaissent, se défient, s'affrontent.

Du 18 septembre 2018 au 6 janvier 2019
Théâtre des Bouffes Parisiens
Réservations : 01 42 96 92 42
www.bouffesparisiens.com

Radieuse vermine
David Mercatali met en scène la comédie de Philip Ridley, adaptée par Louis Bernard. Enjouée, provocante, vicieusement acérée, elle invite à méditer sur notre soif du matériel, et ce que nous serions capables de faire afin de l'assouvir.
À partir du 19 septembre 2018
Petit Montparnasse
Réservations : 01 43 22 77 74
www.theatremontparnasse.com

Le Procès
En portant à la scène le roman de Franz Kafka, Krystian Lupa revient à son dialogue avec les grands témoins spirituels de la modernité. Un spectacle ambitieux, qui réunit près de vingt interprètes en scène et se nourrit aussi de la correspondance et du journal de Kafka. Spectacle en polonais surtitré en français.
Du 20 au 30 septembre 2018
Odéon – Théâtre de l'Europe
Réservations : 01 44 85 40 40
www.theatre-odeon.eu
www.festival-automne.com

Le Procès d'après Franz Kafka, mis en scène par Krystian Lupa à l'Odéon – Théâtre de l'Europe. © Magda Hueckel

LES SPECTACLES EN ÎLE-DE-FRANCE

BOBIGNY

Le Père
Julien Gosselin s'inspire de *L'Homme incertain* de Stéphanie Chaillou pour mettre en scène une réflexion sur la vie de l'homme, sur sa fragilité et sur l'âge adulte. Cet homme est incarné par Laurent Sauvage, qui interprète un agriculteur d'une humanité touchante.
Du 13 au 29 septembre 2018
Théâtre MC93
Scène nationale de Seine-Saint-Denis
Réservations : 01 41 60 72 72
www.mc93.com
www.festival-automne.com

NANTERRE

Hate
Laetitia Dosch revient avec son nouveau spectacle, mis en scène avec l'aide de Yuval Rozman. Elle y dialogue avec un cheval, se confiant à lui entièrement dans un rapport d'égalité, espèrant en finir avec les relations de pouvoir de notre époque.
Du 15 au 23 septembre 2018
Théâtre Nanterre-Amandiers
Réservations : 01 46 14 70 00
www.nanterre-amandiers.com
www.festival-automne.com

GENNEVILLIERS

The Dark Master
À l'occasion du Festival d'automne à Paris, Kurô Tanino met en scène deux

huis clos, l'un dans une auberge de sources thermales et l'autre dans un restaurant. Le chemin dans lequel s'engagent les personnages hauts en couleurs est parfois sensuel, parfois burlesque, parfois dérangeant. Spectacle en japonais surtitré en français.
Du 20 au 24 septembre 2018
Théâtre de Gennevilliers
Réservations : 01 41 32 26 26
www.theatre2gennevilliers.com
www.festival-automne.com

LES SPECTACLES EN RÉGION

LYON

Le Dernier Métro
Dorian Rossel choisit d'adapter le film culte du réalisateur François Truffaut au théâtre. Il s'empare de cette histoire avec onze comédiens qui jouent et chantent malgré l'air du temps qui n'y invite pas : il s'agit de faire revivre la poésie, contre toute la noirceur des discours idéologiques.
Du 19 septembre au 4 octobre 2018
Les Célestins – Théâtre de Lyon
Réservations : 04 72 77 40 00
www.theatredescelestins.com

RENNES

La Dame aux camélias
Arthur Nauzyciel a souhaité mettre en scène le roman de Dumas fils sans pathos, pour en faire émerger des dimensions parfois masquées : la place de l'argent dans les rapports d'oppression et de soumission entre les hommes et les femmes ; la dimension triviale du dialogue derrière

La Dame aux camélias d'Alexandre Dumas Fils, mise en scène par Arthur Nauzyciel au Théâtre national de Bretagne. © Philippe Chancel

un langage fleuri et romantique ; et comment une classe sociale a conçu pour ses propres divertissements cette machine infernale, la marchandisation du corps en même temps que sa moralisation.
Du 26 septembre au 5 octobre 2018
Théâtre national de Bretagne
Réservations : 02 99 31 12 31
www.t-n-b.fr

VALENCE

Cent mètres papillon
Passionné par la natation, Larie découvre, s'entraîne, se remet en question et nous fait voir le monde riche et parfois impitoyable de la préparation aux championnats de France. *Cent mètres papillon* est une création théâtrale signée Nelly Pulicani et Maxime Taffanel, ancien nageur.
Du 20 septembre au 23 octobre 2018
Comédie de Valence
Réservations : 04 75 78 41 70
www.comediedevalence.com

Lire

PIÈCES DE THÉÂTRE

La Parole buissonnière, le théâtre de Yoland Simon
de Marie Dauge-Guilbert
Préface de Danielle Dumas

Au fil des entretiens avec Marie Dauge-Guilbert, rapportés dans ce livre, Yoland Simon nous rappelle l'importance du texte dramatique comme lieu où s'écrivent des destinées individuelles, mais aussi l'espace ordinaire du quotidien. Les pièces de Simon, selon Danielle Dumas (rédactrice en chef de *L'avant-scène théâtre* de 1986 à 2005) nous parlent de nous, de « nos conduites inexplicables, nos engouements absurdes, nos incertitudes et jusqu'à nos modes langagières. »

> Extrait :

« Yoland Simon : Sans doute, la parole est pour moi fondamentale. Elle est l'acte spécifique où s'affirme l'art du dramaturge. Celui-ci écrit ce que j'appelle les "palimpsestes de la parole". Le théâtre, en effet, inverse l'évolution de l'humanité qui est passée de la civilisation orale à la civilisation de l'écrit, de la préhistoire à l'histoire. Au théâtre, au contraire, l'auteur écrit ce qui deviendra du dit. Écrit du pérenne qui deviendra de l'éphémère. Et la représentation apportera du sens aux mots, avec une charge émotive. »

Les Cahiers de l'égaré, 224 pages, 20 €

Abnégation
d'Alexandre Dal Farra
Traduit du portugais par Alexandra Moreira Da Silva et Marie-Amélie Robilliard

Un soir, Jonas, membre du parti, a séquestré, violé et torturé une femme. Il a fait appel à ses collaborateurs pour étouffer l'affaire et ceux-ci manigancent pour soutenir qu'il ne s'agit que d'un malheureux « accident » et assurer leur impunité. Dans cette comédie noire et ubuesque, premier volet de sa trilogie politique, Alexandre Dal Farra brocarde la « gauche » brésilienne, repaire en plein effondrement d'une bande de phallocrates avinés sans foi ni loi.

> Extrait :

« Celso : Ce que je vais soutenir, en me fondant sur les pièces du dossier et sur la... Enfin, sur ta... Sur notre version des faits... Bon, grosso modo, j'ai préparé une défense qui

fait valoir la biographie des membres du comité, et le fait qu'ils n'avaient absolument pas conscience des conséquences de leur comportement, le jour de "l'accident" et les jours précédents… Ce que je veux soutenir, c'est la part de hasard et de malchance dans l'implication de ces comportements individuels et isolés, ce qui permettra précisément de les assimiler à de simples "actes" n'ayant aucun lien avec ledit "accident", lequel ne saurait s'expliquer en alléguant la volonté d'untel ou d'untel… »

Les Solitaires Intempestifs, 80 pages, 13 €

L'Envol des cigognes
de Simon Abkarian

L'auteur, d'origine arménienne, signe le troisième volet d'un cycle commencé avec *Pénélope, ô Pénélope*, pour lequel il obtint le prix du Syndicat de la critique pour le meilleur texte théâtral, puis avec *Le Dernier Jour du jeûn*. Dans un pays ravagé par la guerre civile, Orna, une jeune orpheline, s'enfuit après avoir été violée et avoir assisté à un massacre. Elle rencontre la famille de Nouritsa, qui l'adopte et la vengera. Malgré l'horreur, les rires, les mariages et les pleurs continuent.

> Extrait :

« Nouritsa : Je t'écoute mon beau et j'aime ça, tu le sais, t'écouter. Mais là je suis fatiguée Théos. Fatiguée de tenir, de guetter la porte, le lit de notre fils qui est plus souvent vide que plein. Fatiguée de savoir que mes filles sont dehors l'une tuant, l'autre soignant. Fatiguée d'entendre tes dents se faire la guerre dans ton sommeil sur l'oreiller qui nous a vus vieillir. Fatiguée de deviner la trajectoire des obus qui traversent notre ciel, de dire leur point d'impact éventuel. Fatiguée d'anticiper l'eau et le pain, fatiguée de prier dans le néant. Théos, je n'en peux plus. Même si cette guerre se terminait demain, elle m'a déjà tuée. »

Actes Sud-Papiers, 128 pages, 15 €

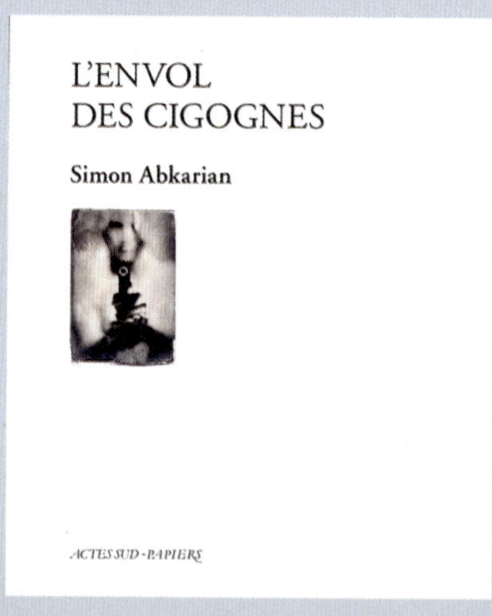

Tout entière
suivi de *Et le ciel est par terre*
de Guillaume Poix

L'auteur, qui est également metteur en scène, a été remarqué pour son premier texte de théâtre : *Straight*. Dans la première pièce de ce recueil, il dépeint la photographe et nounou américaine Vivan Dorothy Maier dans un texte qui reste fictionnel. Ce texte est un monologue qui s'adresse à l'artiste. La deuxième pièce voit évoluer plusieurs membres d'une même famille : une mère, son fils et ses deux filles. Ils souffrent d'un manque de communication : les secrets sont nombreux. Autour d'eux, les tours de leur cité se font détruire.

> Extrait :

« vous mettiez des pellicules dans l'appareil
ce n'est pas ça le problème
vous faisiez ce que j'ai dit
prendre
et puis vous étiez rentrée chez vous
vous sortiez la pellicule de l'appareil
vous l'enleviez
méticuleusement j'imagine
et puis vous la remettiez dans sa petite boîte
que vous rangiez dans une autre plus grande boîte
que vous rangiez dans un carton
jusqu'à ce que vous ayez autour de vous
des murs de cartons
des murs de cartons remplis de grandes boîtes enfermant de plus petites boîtes enfermant elles-mêmes
vos pellicules
vos négatifs
jamais développés vos négatifs vivian dorothy maier »

Éditions Théâtrales, 150 pages, 16 €

Sacha Guitry, tome 1 : « Le Bien-Aimé »
de Noël Simsolo (scénario) et Paolo Martinello (dessin et couleurs)

L'auteur du texte de cette bande dessinée, Noël Simsolo, est intrinsèquement lié au théâtre et au cinéma de par ses multiples

métiers : il est à la fois réalisateur, comédien, scénariste et historien du cinéma. Le dessinateur, Paolo Martinello, a réalisé notamment les trois tomes de *Trois souhaits* et *Catherine de Médicis*. Ici, il est à la fois question de théâtre, de cinéma et d'histoire : en effet, cette œuvre graphique retrace la vie de Sacha Guitry, de son enfance jusqu'à l'âge adulte. Le récit, porté par une écriture de qualité et par un dessin coloré, en dit long sur l'existence de cet artiste qui côtoya de nombreuses personnalités de son temps.

> Extrait :

« Sarah est morte en tournant *La Voyante* que j'ai écrit pour elle, moi que le cinéma agace ! Mais elle voulait que son public la voie encore en images animées.

Je n'ai pas 40 ans et je suis déjà entouré de tant de fantômes, ceux que j'aimais : mon frère Jean, Allais, Jarry, Mirbeau, Tailhade, Renard, Feydeau…

Oui l'existence est une farce qui se termine toujours par la mort. Ce qui n'est pas une fin heureuse et laisse toujours malheureux ceux qui restent en vie. »

Éditions Glénat, 72 pages, 14,95 €

ESSAIS

L'Artiste et le Populiste : Quel peuple pour quel théâtre ? de Jean-Marie Hordé

Dans une société libérale où culture et divertissement sont synonymes et où les spectateurs sont vus comme consommateurs, le directeur du Théâtre de la Bastille s'inquiète d'une disparition prochaine des subventions publiques pour un type de productions qui n'attire dans ses salles qu'une minorité socialement et financièrement privilégiée. Il fustige les tentatives de massification du public comme « illusoires » et les spectacles de foule comme « anti-artistiques », renvoyant dos à dos les méthodes opposées du « démagogue » et du « populiste », au nom de la défense d'un art élitiste.

> Extrait :

« Espérer une hétéronomie sociale et générationnelle doit se comprendre selon un patient travail de conquête devant l'exigence de l'œuvre et non par le subterfuge d'une demande aussi diverse que fumeuse. Demander qui est devant quoi, laisser cette question ouverte, exige aussi que les spectacles programmés ne soient pas choisis en fonction d'un "public" sélectionné par avance, comme si certaines œuvres étaient faites pour lui et pas pour les autres. Le spectateur ne saurait être une cible. »

Les Solitaires Intempestifs, 80 pages, 13 €

COMÉDIE-FRANÇAISE
RICHELIEU
LUCRÈCE
BORGIA
Victor Hugo
1er oct >
1er avr
01 44 58 15 15
comedie-francaise.fr
Place Colette
Paris 1er
Mise en scène
Denis Podalydès
Avec
la troupe de la Comédie-Française
© Christophe Raynaud de Lage, coll. CF

Dacres s'ouvre au théâtre

par Patricia Hostein

Après avoir été administratrice du Théâtre des Mathurins et du Théâtre de Poche-Montparnasse, et administratrice générale du Théâtre Michel, du Théâtre La Bruyère et du Théâtre Rive-Gauche, Patricia Hostein crée et dirige deux collections théâtre pour la maison d'édition Dacres.

Quand Stéphane Deplus m'a demandé, il y a deux ans, de créer une collection théâtre aux éditions Dacres, j'ai spontanément accepté et en ai créé deux : « Les Quinquets » et « L'Envers du décor ».

Depuis, j'édite à la direction de ces collections des auteurs dont les pièces sont jouées ou en attente de l'être et des auteurs qui ont des histoires à raconter. J'ai le plaisir de compter parmi eux, entre autres, Murielle Magellan, Stéphane Guérin, Laurence Jyl, Michael Stampe, Esther Rotenberg, Marie-France Mignal, Christine Delaroche, Hélène Zidi, Jean-Éric Bielle, Éric Le Roch, Anne de Caumont La Force, Isabelle Kauffman, Élie Rapp.

Ce que j'aime chez un auteur, c'est sa générosité. Je ne recherche pas une ligne éditoriale, je publie la liste de mes envies et de mes rencontres.

Mon souhait est que l'auteur mette le poids de son existence dans la parole qu'il prononce, qu'il scelle sur le papier. Un auteur est un écrivain au travail, il développe sa patte et ne prend pas l'acte d'écrire pour un exutoire.

J'ai toujours défendu les auteurs et j'ai eu la chance de travailler avec des directeurs de théâtre, comme Gérard Caillaud et Danielle Rossi, Renée Delmas et Étienne Bierry qui ont révélé des dramaturges.

L'école de l'écriture et de la lecture.

P. H.

• *La Légende d'une vie* de Stefan Zweig, adaptée par Michael Stampe, a été publiée aux éditions Dacres dans la collection « Les Quinquets », 2017.